ORBIS ROMANUS

Elementarwortschatz

von Dr. Heinrich Schmeken

Schöningh Verlag

Inhalt:

© 2004 Bildungshaus Schulbuchverlage Westermann Schroedel Diesterweg Schöningh Winklers GmbH,
Georg-Westermann-Allee 66, 38104 Braunschweig
www.westermann.de

Druck A[18] / Jahr 2025
Alle Drucke der Serie A sind im Unterricht parallel verwendbar.

Druck und Bindung: Westermann Druck GmbH, Georg-Westermann-Allee 66, 38104 Braunschweig

ISBN 978-3-14-010340-4

Einleitung

Zum *Elementarwortschatz* gehören vor allem die Wörter, die in den lateinischen Grundtexten am häufigsten vorkommen. Das Lesebuch *Orbis Romanus A* bietet eine repräsentative Auswahl dieser Grundtexte; dem *Elementarwortschatz* liegen daher Frequenzuntersuchungen zu dieser Textauswahl zugrunde. Insgesamt sind 1800 Wörter erfaßt, die zusammen mit den Wortangaben in den *Erläuterungen* zum Lesebuch fast 100 Prozent aller vorkommenden Wörter ausmachen. Damit ist die Voraussetzung für eine zügige Lektüre gegeben. Auf eine vollzählige Erfassung aller im Lesebuch *Orbis Romanus* vorkommenden Wörter durch Elementarwortschatz und Wortangaben der Erläuterungen wurde mit Absicht verzichtet: Der Schüler wird sich später einmal als Student mit historischen, philosophischen, theologischen, medizinischen oder juristischen Quellen in lateinischer Sprache beschäftigen, und dann muß ihm die Arbeit mit einem lateinischen Lexikon vertraut sein.

1. In jüngster Zeit ist mit großem Nachdruck die Forderung erhoben worden, daß ein Elementarwortschatz radikal alle Wörter auszumerzen habe, die eine bestimmte Frequenzzahl in der Anfangslektüre nicht erreichen (Gymnasium 76 [1969], S. 279). Es verdient Anerkennung, wenn solchen Forderungen manche Vokabeln zum Opfer fallen, die sich heute noch in den Wortverzeichnissen lateinischer Übungsbücher finden: *culter — grus — inquinare — operarius — penuria — semita — stolo* usw. Daß *caupo* (der Schenkwirt) und *mancus* (der Bresthafte) aus Übungsbuch und Wortschatz gestrichen sind, wird ebenso allgemeine Zustimmung finden. Der Schüler hat einen Anspruch darauf, im Anfangsunterricht vor allem die Wörter zu lernen, die er bei der Anfangslektüre braucht, doch sollte man einen solchen Grundsatz nicht zum einzigen Kriterium machen und so eine gute Intention in ihr Gegenteil verkehren; denn neben der Frequenz eines Wortes gibt es auch noch andere wichtige Kriterien, die nicht unberücksichtigt bleiben dürfen.

2. So ist trotz geringer Frequenzzahl in den *Elementarwortschatz* eine Reihe von Wörtern aufgenommen worden, die sich auch im französischen und englischen Grundwortschatz finden. Englisch und Französisch sind heute fester Bestandteil fast aller Curricula. Die Verwandtschaft dieser Sprachen mit dem Lateinischen bei den gängigsten Wörtern zu ignorieren, wäre ohne Zweifel verfehlt (vgl. W. Ertl, Der europäische Wortschatz: Schlüsselwörter, Linz 1972). Als Beispiele seien genannt:

Latein	Französisch	Englisch
aer	air	air
animal	animal	animal
autumnus	automne	autumn
bestia	bête	beast
color	couleur	colour
commercium	commerce	commerce
conscientia	conscience	conscience
considerare	considérer	consider
contentus	content	content
convincere	convaincre	convince

corrigere	corriger	correct
praeparare	préparer	prepare
respicere	respecter	respect
schola	école	school
separare	séparer	separate
summa	somme	sum
visitare	visiter	visit

3. Ferner ist hier eine Anzahl lateinischer Wörter zu nennen, deren Kenntnis für ein fundiertes Verständnis der bedeutendsten international gebrauchten Fremdwörter und Fachausdrücke des kulturellen, wissenschaftlichen, wirtschaftlichen und politischen Bereichs Voraussetzung ist. Aus diesem Grunde sind unabhängig von der Häufigkeit des Vorkommens z. B. folgende Wörter aufgenommen worden: *ambulare — definire — doctrina — elementum — femina — flos — fundamentum — historia — industria — medicina — minister — mundus — neutrum — poeta — radius — sanare — separare — terminus.* F. Wolff, Lebendiges Latein, VEB Verlag Volk und Wissen, Berlin 1966, hat dieses Kriterium zur Grundlage einer umfassenden Arbeit gemacht, die die für die Bildung von Fachausdrücken und Fremdwörtern wichtigen lateinischen Wörter sorgfältig erfaßt und ihre Bedeutung aufzeigt. Es erübrigt sich daher an dieser Stelle, die Aufnahme solcher Wörter in den Elementarwortschatz im einzelnen zu begründen.

4. Römische Grundbegriffe, die für das Verständnis römischer Geschichte, Politik, Wissenschaft und Lebensart bekannt sein müssen, zählen gleichfalls zum Elementarwortschatz. Als Beispiele seien genannt: *aedilis — annales — auspicium — censor — colonia — commilito — gladiator — patricius — plebeius — praefectus — quaestor.* Das Wort *detrimentum* kommt z. B. nur selten vor; aber zum Verständnis des bei der Lektüre der *Coniuratio Catilinae* wie bei der Lektüre der *Catilinaria I* unbedingt zu erläuternden *senatus consultum ultimum: ne quid detrimenti res publica capiat* kann auf das Wort *detrimentum* nicht verzichtet werden. Solche Wörter gehören zum Elementarwortschatz, und zwar unabhängig von den Ergebnissen der Wortstatistik.

5. Simplicia, die nur selten vorkommen, sind oft für das Verständnis der häufigeren Komposita von großer Bedeutung, so z. B. *figere — fodere — gradi — migrare — portare — prehendere — sistere — stringere — struere — volare.* Durch die Aufnahme dieser und anderer Simplicia ergibt sich die Möglichkeit, die Zahl der Komposita zu beschränken, sofern ihre Bedeutung ohne Mühe erschlossen werden kann. Da z. B. das seltene Simplex *gradi* aufgenommen worden ist, konnte auf die Komposita *circumgredi, digredi, regredi* verzichtet werden; das gilt auch vom Simplex *portare* und den Komposita *comportare, deportare, importare, reportare* u. a. m.

6. Schließlich gibt es eine Anzahl von Verben und Nomina, die wegen ihrer Ähnlichkeit leicht verwechselt werden können: *appellare / appellere — ēdere / ĕdere — indicare / indicere — obsidēre / obsidĕre — occīdere / occĭdere — pendēre / pendĕre — placere / placare*; ebenso *avis / avus — mensa / mensis* u.a.m. Von den genannten Wortpaaren erreicht nur je ein Wort die für die Aufnahme in den Elementarwortschatz erforderliche Frequenzzahl, während das andere Wort viel seltener vorkommt. Trotzdem müssen beide Wörter aufgenommen werden. Ein Schüler, der z. B. das häufige *placere* kennt, das seltenere *placare* dagegen nicht kennt, wird eine Stelle

wie *si iram places* nicht verstehen können. Das gilt z. B. auch vom *volatus avis*, wenn nur *avus* bekannt ist. Jeder Fachkollege mit einiger Unterrichtserfahrung weiß, daß gerade diese Wörter immer wieder Anlaß zu überraschenden Fehlübersetzungen sind.

7. Bei der Auswahl der in den Elementarwortschatz aufzunehmenden Wörter wurde schließlich davon ausgegangen, daß die einfachsten Regeln der Wortbildungslehre vorausgesetzt werden dürfen, wie sie jedem Schüler durch ständige Wiederholung nach einiger Zeit geläufig sind. Dabei wurde in realistischer Einschätzung der Situation auf Erwartungen verzichtet, die sich in der Praxis nur zu oft als illusorisch erweisen (vgl. Wortbildungslehre S. 66 ff.).

Im allgemeinen wird ein Schüler zu Beginn der Originallektüre Ableitungen, wie sie in den folgenden Beispielen genannt sind, erschließen können:

currere:	procurrere	ducere:	perducere
ire:	abire	spectare:	circumspectare
ponere:	reponere	vocare:	convocare
doctus:	indoctus	felix:	infelix
gratus:	ingratus	humanus:	inhumanus
sanus:	insanus	utilis:	inutilis
admirari:	admiratio	aestimare:	aestimatio
cunctari:	cunctatio	defendere:	defensio
exspectare:	exspectatio	narrare:	narratio
aequus:	aequitas	asper:	asperitas
alacer:	alacritas	facilis:	facilitas
honestus:	honestas	iniquus:	iniquitas
fremere:	fremitus	gemere:	gemitus
flere:	fletus	recipere:	receptus
ridere:	risus	volare:	volatus
accusare:	accusator	agere:	actor
arare:	arator	audire:	auditor
creare:	creator	spectare:	spectator
fatum:	fatalis	hostis:	hostilis
movere:	mobilis	puer:	puerilis
stare:	stabilis	vir:	virilis
ambitio:	ambitiosus	copia:	copiosus
gloria:	gloriosus	labor:	laboriosus
luxuria:	luxuriosus	religio:	religiosus

In diesen und ähnlichen Fällen wurde nur das Grundwort in den Elementarwortschatz aufgenommen.

Unter Berücksichtigung aller genannten Kriterien ist der vorliegende *Elementarwortschatz* zusammengestellt worden.

Dabei läßt sich eine gewisse Subjektivität des Bearbeiters nicht ausschalten, doch dürfte das nicht ein so großes Unglück sein, wie uns der Frequenzfanatismus glauben machen möchte. Bei aller Hochachtung vor den Leistungen des Kollegen Computer kann auf die Entscheidung eines Bearbeiters, der mehrere Kriterien berücksichtigt, nicht verzichtet werden. Die Entrüstung darüber, daß ein Schüler während des Anfangsunterrichts 100 oder 200 Wörter lernt, die bei Caesar oder Sallust selten oder gar nicht vorkommen, ist unangebracht. Es scheint viel betrüblicher, wenn zwei Kommilitonen, ein Historiker und ein Mediziner, sich mittags in der Mensa treffen und trotz amtlich beglaubigten Großen Latinums keine Ahnung haben, was *commilito, historia, medicina* und *mensa* bedeuten. Die Verdienste des Computers sind unbestritten, aber seine Ergebnisse allein genügen eben nicht.

Der *Elementarwortschatz* ist nach Leitwörtern in alphabetischer Reihenfolge geordnet. Diese Wörter sind ohne Differenzierung nach Verben, Nomina, Adverbien, Konjunktionen usw. kontinuierlich aufgeführt. Diese Art des Aufbaus hat sich in der Praxis am besten bewährt; denn welcher Schüler könnte schon ohne Überdruß Seite um Seite nur Verben, Adverbien oder Konjunktionen lernen? Die Zugehörigkeit der Wörter zu ihrem Leitwort ist in vielen Fällen ohne weiteres klar: *aequare* zu *aequus, annales* zu *annus, captivus* zu *capere, colonia* zu *colere, doctrina* zu *docere, dux* zu *ducere, expetere* zu *petere, promittere* zu *mittere* usw. In Zweifelsfällen gibt das *Alphabetische Wörterverzeichnis* (S. 74 ff.) an, unter welchem Leitwort das gesuchte Wort zu finden ist. Auf etymologische Zuordnungen wurde dann verzichtet, wenn diese zwar vielleicht für den Philologen von Interesse sind, für die Schüler jedoch nur eine Belastung bedeuteten. Daß z. B. *coepisse* zu *aptus, hospes* zu *potis, cum* zu *quis, opportunus* zu *per, sollemnis* zum altl. *sollus, natio* zu √*gen, non* (aus* *ne- oenum*) zu *unus* gehören, wird der Schüler meist nur mit einiger Mühe verstehen. Damit bedeutet diese Art der Zuordnung eher eine zusätzliche Erschwerung als eine erwünschte Hilfe. Deshalb wurde für den Elementarwortschatz eine Anordnung gewählt, die das etymologische Prinzip nicht starr anwendet, sondern im Zweifelsfall der unterrichtlichen Effektivität den Vorzug gibt.

Die Zahl der Wortgleichungen wurde nach Möglichkeit beschränkt. Der Schüler wird sich eine oder zwei Bedeutungsangaben fester einprägen als die vielen Bedeutungsvarianten, die sich im Kontext der Lektüre ergeben können. Von den ihm bekannten Grundbedeutungen aus wird er in vielen Fällen durch eigene Überlegung zu der jeweils erforderlichen Spezialbedeutung kommen.

Von großer Wichtigkeit sind die bei den Autoren immer wieder vorkommenden Wortverbindungen, deren Kenntnis erst einen zügigen Lektürefortschritt gewährleistet. Aus diesem Grund ist in den *Elementarwortschatz* eine Zahl besonders häufiger Junkturen aufgenommen worden, so z. B. *certiorem facere, graviter ferre, castra movere, rationem reddere, naves solvere, clamorem tollere* u. ä. Zugleich werden dadurch auch die für die Herübersetzung wichtigsten grammatischen Erscheinungen unter Verzicht auf Systematik durch Beispiele (oft mehrmals) wiederholt und fest eingeschliffen, so z. B. *cerneres; diceres; videres — officii neglegens; veritatis diligens; laboris fugiens — satis pecuniae; nihil reliqui; particeps rationis — parvi aestimare; magni fieri; quanti esse — auxilio venire; usui esse; superbiae tribuere — officiis vacare; conatu desistere; onere liberare — auctoritate uti; magistratu fungi; castris potiri — me vivo; me inscio; me auctore — Socrate sapientior; luce clarius;*

6

opinione celerius — *prima nocte; in summo monte; in media insula* — *non dubito, quin; nescio, an; timeo, ne; iubeor venire; dignus est, qui laudetur; dives esse dicitur* u.a.m. Dagegen wurden Redewendungen wie *sub corona vendere, sub iugum mittere, viam carpere, ancipiti Marte pugnare* u.a.m. nicht aufgenommen, da sie in den zugrunde gelegten Originaltexten gar nicht oder nur sehr selten vorkommen.

Redewendungen und Junkturen sind durch *Kursiv*-Druck vom Elementarwortschatz abgesetzt. Dadurch besteht die Möglichkeit, sie nach Belieben bereits im ersten Durchgang lernen oder erst später bei der Wiederholung einprägen zu lassen.

Bei Beginn der Lektüre muß nach allgemeiner Überzeugung ein Wortschatz von etwa 2000 Wörtern fester Besitz sein:

M. Mathy, Anregung 1967, S. 118: 2300 Wörter,

A. Guthardt, Gymnasium 1969, S. 280: 2200 Wörter,

H. Steinthal, DAU XIV/2, 1971, S. 26: 2000 Wörter.

Der vorliegende *Elementarwortschatz* mit seinen sorgfältig ausgewählten 1800 Wörtern beschränkt sich also auf einen Minimalumfang und bietet damit die Gewähr, wirklich ein Elementarwortschatz zu sein.

a, ab b. Abl.	von; seit
ab utrāque parte	auf beiden Seiten
ab urbe conditā	seit Gründung der Stadt
ācer, ācris, ācre	scharf, heftig
aciēs, ēī, f.	Schärfe, Heer (in Kampfaufstellung)
acerbus	scharf, bitter, streng
ad b. Akk.	zu, bei, an
atque; ac	und; wie, als
ad decem cīvēs	gegen zehn Bürger
idem atque (ac)	derselbe wie
aliter atque (ac)	anders als
aedēs, is, f.	Tempel; pl. Haus
aedificāre	bauen
aedificium	Gebäude
aedīlis, is, m.	(Tempelhüter) Ädil
aeger, aegra, aegrum	krank, traurig
aegrē (adv.)	mit Mühe, kaum
aequus	eben, gleich; gerecht
aequō animō	mit Gleichmut
aequāre	erreichen, gleichkommen
deum aequāre	Gott gleichkommen
aequālis, e	gleich, gleichaltrig;
	subst. Zeit-, Altersgenosse
inīquus	uneben, ungerecht, ungünstig
āēr, āeris, m.	Luft
aes, aeris, n.	Erz; Geld
aes aliēnum	Schulden
aestimāre ⎫ existimāre ⎭	schätzen, meinen
māgnī aestimāre	hochschätzen
parvī aestimāre	geringschätzen
aestās, ātis, f.	Sommer
aestus, ūs, m.	Glut, Flut; Leidenschaft
aetās, ātis, f.	Lebensalter, Zeitalter
aeternus	ewig, unvergänglich
ager, agrī, m.	Acker, Feld; pl. Gebiet
agere, agō, ēgī, āctum	treiben, tun, handeln
id agere, ut	darauf ausgehen, daß
causam agere	einen Prozeß führen
conventūs agere	Gerichtstage abhalten
gratiās agere	Dank sagen
triumphum agere	einen Triumph feiern
vītam agere	ein Leben führen

agmen, minis, *n.*	Zug, Heereszug
agmen prīmum	Vorhut
agmen novissimum	Nachhut
cōgere	zusammentreiben, zwingen
cōpiās cōgere	Truppen zusammenziehen
redigere	zurücktreiben, in einen Zustand versetzen
in potestātem redigere	in seine Gewalt bringen, unterwerfen
subigere	unterwerfen
exigere	heraustreiben, fordern
exiguus	klein, gering
agitāre	betreiben, überlegen
cōgitāre	überlegen, denken
igitur	*(es handelt sich darum),* also
āiō, ais, ait, aiunt	ich sage
āla	Flügel, Reiterabteilung
alacer, cris, cre	munter, lebhaft
alere, alō, aluī, altum	ernähren, unterhalten
altus	hoch, tief
altitūdō, inis, *f.*	Höhe, Tiefe
adolēscere, adolēvī	heranwachsen
adulēscēns, entis, *m.*	junger Mann
adulēscentia	Jugend
alius, a, ud (atque/ac)	ein anderer (als)
alius aliud dīcit	der eine sagt dies, der andere das
aliī — aliī	die einen — die andern
aliter *(adv.)*	anders
alibī *(adv.)*	anderswo
aliēnus	fremd, abgeneigt
alter, era, erum	der eine *(von zweien);* der andere
amāre	lieben
amor, ōris, *m.*	Liebe
amor parentum	die Liebe der Eltern
	die Liebe zu den Eltern
amīcus, a, um	befreundet; *subst.* Freund
amīcitia	Freundschaft
inimīcus	feindlich; *subst.* Feind
inimīcitiae, ārum	Feindschaft
ambulāre	umhergehen, spazierengehen
amplus	weit, geräumig, groß
amplius decem urbēs	mehr als zehn Städte
an	etwa; ob
haud sciō, an	⟨ich weiß nicht, ob⟩; vielleicht
ancora	Anker
ancorās tollere	(die Anker lichten), absegeln

angustus	eng
angustiae, ārum	Enge, Not
anima	Atem, Seele, Leben
animus	Geist, Sinn, Mut
bonō animō esse	guten Mutes sein
mihī in animō est	⟨ich habe im Sinn⟩: ich beabsichtige
animal, ālis, *n.*	Lebewesen
annus	Jahr
annālēs, ium, *m.*	Jahrbücher, *Annalen*
quotannīs *(adv.)*	jährlich
ante *(b. Akk.)*	vor
ante *(adv.)* anteā *(adv.)*	vorher, früher
antequam	eher als, bevor
antīquus	alt
aperīre, aperiō, aperuī, apertum	öffnen
apertus	offenkundig, klar
operīre	bedecken, verhüllen
aptus	passend, geeignet
apud *(b. Akk.)*	bei
adipīscī, adeptus sum	erlangen, erreichen
aqua	Wasser
āra	Altar
arāre	pflügen
arbitrārī	meinen, glauben
arbitrium	Entscheidung, Urteil
arbor, oris, *f.*	Baum
arcēre, arceō, arcuī	abwehren, fernhalten
arx, arcis, *f.*	Burg
coercēre	zusammenhalten, zügeln
exercēre	üben, ausüben
exercitus, ūs, *m.*	Heer
arcessere, arcessō, arcessīvī, arcessītum	herbeiholen
arduus	steil, schwierig
ārdēre, ārdeō, ārsī	brennen *(intr.)*
argentum	*(helles Metall)*, Silber
arguere, arguō, arguī	erweisen, beschuldigen
argūmentum	Beweis, Grund
ars, artis, *f.*	Kunst, Eigenschaft
artificium	Kunstwerk
arma, ōrum, *n.*	*(Gerät)*, Waffen
armāre	ausrüsten, bewaffnen

asper, era, erum	rauh, streng, schwierig
at	aber
āter, ātra, ātrum	schwarz
audēre, audeō, ausus sum	wagen
audāx, ācis	kühn, frech
audācia	Kühnheit, Frechheit
avārus	habgierig, geizig
avāritia	Habgier, Geiz
augēre, augeō, auxī, auctum	vermehren, vergrößern
auctor, ōris, *m.*	Urheber, Bürge
mē auctōre	auf meine Veranlassung
auctōritās, ātis, *f.*	Ansehen, Bedeutung
auxilium	Hilfe, *pl.* Hilfstruppen
aula	Hof, Halle
auris, is, *f.*	*Ohr*
audīre	hören
oboedīre	gehorchen
aurum	Gold
aut	oder
aut — aut	entweder — oder
autem	aber, sondern
autumnus	Herbst
avis, is, *f.*	Vogel
auspicium	*(Vogelschau)*, Vorzeichen
avus	Großvater, Vorfahr

B

barbarus	ausländisch, ungebildet
	subst. Ausländer, *Barbar*
beātus	glücklich
bellum	Krieg
bellāre	Krieg führen
bestia	Tier, *Bestie*
bibere, bibō, bibī, (pōtum)	trinken
bonus (melior, optimus)	gut
bonum	das Gut; *pl.* das Vermögen
bene *(adv.)*	gut
benīgnus	gütig
brevis, e	kurz
brevī *(adv.)*	in Kürze
brevitās, ātis, *f.*	Kürze

cadere, ˙cadō, cécidī, cāsum	fallen
cāsus, ūs, m.	Fall, Zufall
accidere, áccidit, áccidit	sich ereignen, geschehen
concidere, cóncidō, cóncidī	zusammenfallen, zusammenbrechen
occidere, óccidō, óccidī	untergehen, umkommen
occidēns, entis, m.	(Sonnenuntergang), Westen
occāsiō, ōnis, f.	⟨Zufall⟩, Gelegenheit
caedere, caedō, cecīdī, caesum	fällen, niederhauen, töten
caedēs, is, f.	Mord, Gemetzel
concīdere, concīdō, concīdī, concīsum	zusammenhauen, vernichten
occīdere, occīdō, occīdī, occīsum	niederhauen, töten
caelum	Himmel
caelestis, e	himmlisch, subst. pl. Götter
calamitās, ātis, f.	Unglück
campus	Feld, Ebene
candēre, candeō, canduī	glänzen, schimmern
accendere, -cendō, -cendī, -cēnsum	anzünden, entflammen
incendere, -cendō, -cendī, -cēnsum	
incendium	Brand
canere, canō, cecinī, cantātum	singen, spielen
cantāre	singen
cantus, ūs, m.	Gesang, Klang
carmen, inis, n.	Lied, Gedicht
canis, is, m./f.	Hund
capere, capiō, cēpī, captum	fassen, ergreifen
captāre	fassen, greifen nach
captīvus	(kriegs)gefangen
accipere, accipiō, accēpī, acceptum	annehmen, empfangen; hören
dēcipere	(wegfangen), täuschen
excipere	aufnehmen, fangen
percipere	erfassen, begreifen
praecipere	vorschreiben, befehlen
praeceptum	Vorschrift
praecipuus	außerordentlich, vorzüglich
recipere	zurücknehmen, aufnehmen
sē recipere	sich zurückziehen
tectō recipere	in sein Haus aufnehmen
suscipere	übernehmen, auf sich nehmen
bellum suscipere	einen Krieg unternehmen
incipere, incipiō, coepī, inceptum	anfangen, beginnen
occupāre	besetzen, einnehmen
recuperāre	wiedergewinnen

caput, itis, *n.*	Kopf, Haupt; Hauptstadt
capitis accūsāre	auf Leben und Tod anklagen
capitis damnāre	zum Tode verurteilen
anceps, itis	*(doppelköpfig),* schwankend, ungewiß
praeceps, itis	*(kopfüber),* abschüssig, übereilt
praecipitāre	*(kopfüber stürzen),* hinabstürzen
carcer, eris, *m.*	Gefängnis, *Kerker*
carēre, careō, caruī	⟨*Mangel haben an*⟩, entbehren
librīs carēre	keine Bücher haben
cārus	lieb, teuer, wert
castra, ōrum, *n.*	Lager
castellum	Befestigung, *Kastell*
causa	*(Streitsache),* Ursache, Grund
causā b. Gen.	wegen
meā causā	meinetwegen
pecūniae causā	des Geldes wegen
accūsāre	anklagen
excūsāre	entschuldigen
recūsāre	ablehnen, sich weigern
nōn recūsāre, quīn	sich nicht weigern, daß
cavēre, caveō, cāvī, cautum	⟨*meiden*⟩, sich hüten vor
perīcula cavēre	sich vor Gefahren hüten
cēdere, cēdō, cessī, cessum	nachgeben, gehen
locō cēdere	von seinem Platz weichen
urbe cēdere	die Stadt verlassen
accēdere	herankommen, heranrücken
ad urbem accēdere	vor die Stadt rücken
antecēdere	vorangehen, übertreffen
omnēs virtūte antecēdere	alle an Tapferkeit übertreffen
concēdere	zugestehen, erlauben
urbem dīripiendam concēdere	die Stadt zur Plünderung freigeben
dēcēdere	weggehen, sich entfernen .
vītā dēcēdere	⟨*aus dem Leben scheiden*⟩, sterben
discēdere	auseinandergehen, weggehen
incēdere	einhergehen, einherschreiten
intercēdere	dazwischentreten, vergehen
prōcēdere	voranschreiten, vorrücken
sēcēdere	weggehen, sich zurückziehen
succēdere	nachfolgen; gelingen
necesse est	es ist notwendig
necessitās, ātis, *f.*	Notwendigkeit
necessārius	notwendig, verwandt; *subst.* Freund
cēlāre	verheimlichen, verbergen
clam *(adv.)*	heimlich
color, ōris, *m.*	*(Umhüllung),* Farbe

occulere, occulō, occuluī, occultum occultāre	verbergen
silvā sē occultāre	sich im Wald verstecken
celeber, bris, bre	viel besucht, berühmt
celebrāre	rühmen, feiern, besuchen
celer, eris, ere	schnell
tēlō celerius	schneller als ein Geschoß
celeritās, ātis, f.	Schnelligkeit
cēna	Speise, Mahlzeit
cēnāre	speisen
cēnsēre, cēnseō, cēnsuī, cēnsum	schätzen, meinen; einen Antrag stellen
cēnsor, ōris	Zensor
centum	hundert
centuria	Hundertschaft, Zenturie
centuriō, ōnis	Hauptmann, Zenturio
cernere, cernō, crēvī, crētum	wahrnehmen, sehen
cernerēs	man hätte sehen können
certus	bestimmt, sicher
certiōrem facere	benachrichtigen
certior fierī	benachrichtigt werden
certāre	wetteifern, streiten
certāmen, inis, n.	Wettkampf, Streit
dēcertāre	bis zur Entscheidung kämpfen
dēcernere	beschließen
dēcrētum	Beschluß
discernere	unterscheiden, trennen
discrīmen, inis, n.	Unterscheidung, Entscheidung; Gefahr
sēcernere	absondern, trennen
sēcrētus	getrennt, geheim
cēterī	die übrigen
cēterum (adv.)	übrigens
cingere, cingō, cīnxī, cīnctum	umgürten, umgeben, einschließen
circum/circā b. Akk.	um, gegen, ungefähr
circum/circā (adv.)	ringsum, umher
circiter (adv.)	ungefähr
citus citō (adv.)	schnell
excitāre incitāre	antreiben, erregen
sollicitāre	beunruhigen, aufwiegeln
recitāre	vortragen, vorlesen
cīvis, is	Bürger
cīvitās, ātis, f.	Bürgerschaft, Staat
cīvīlis, e	bürgerlich, öffentlich

clādēs, is, f.	Schaden, Niederlage
clāmāre	rufen, schreien
clāmor, ōris, m.	Geschrei
conciliāre	vereinigen, gewinnen
concilium	Zusammenkunft, Versammlung
clārus	*klar*, hell, berühmt
praeclārus	glänzend, sehr berühmt
dēclārāre	erklären
Sullam dictātōrem dēclārant	} man erklärt Sulla zum Diktator
Sulla dictātor dēclārātur	
classis, is, f.	*(Klasse)*, Flotte
claudere, claudō, clausī, clausum	schließen
exclūdere	ausschließen
inclūdere	einschließen
interclūdere	abschließen, abschneiden von
itinere interclūdere	den Weg verlegen
cliēns, entis	Schutzbefohlener, Höriger, *Klient*
clēmēns	mild, gütig
clēmentia	Milde, Güte
colere, colō, coluī, cultum	bebauen, pflegen, verehren
agrōs colere	die Äcker bebauen
artēs colere	die Künste pflegen
deōs colere	die Götter verehren
cultus, ūs, m.	Pflege, Verehrung, Lebensweise
cultūra	Pflege, Anbau, Ausbildung
colōnus	Siedler, *Kolonist*
colōnia	Ansiedlung, *Kolonie*
incolere	wohnen, bewohnen
incola	Einwohner
collis, is, m.	Hügel
excellere	hervorragen, sich auszeichnen
excelsus	hervorragend, hoch
cōnārī	versuchen
cōnātus, ūs, m.	Versuch
contrā b. Akk.	gegen
contrā (adv.)	dagegen
cor, cordis, n.	Herz
concors, -cordis	einträchtig
concordia	Eintracht
discordia	Zwietracht
misericordia	Mitleid
cornu, ūs, n.	*Horn*, Flügel *(eines Heeres)*
corpus, oris, n.	*Körper*
crās (adv.)	morgen

crēscere, crēscō, crēvī, crētum	wachsen
creāre	hervorbringen, wählen
Sullam ducem creant / Sulla dux creātur	man wählt Sulla zum Führer
recreāre	wiederherstellen, erfrischen
crēber, bra, brum / crēbrō *(adv.)*	häufig
crīmen, inis, *n.*	Vorwurf, Verbrechen
crūdēlis, e	grausam
crūdēlitās, ātis, *f.*	Grausamkeit
crux, crucis, *f.*	*Kreuz*
cruciātus, ūs, *m.*	Marter, Qual
cubāre, cubō, cubuī, cubitum	liegen, ruhen
culpa	Schuld
cum *b. Abl.*	mit
b. Ind.	als, wenn
b. Konj.	als, weil, obwohl, während
cum·(prīmum)	sobald
cum — tum	sowohl — als auch besonders, . . . und besonders
cum Gallī — tum Rōmānī	die Gallier und besonders die Römer
cūnctārī	zögern
cūnctus	ganz; *pl.* alle
cupere, cupiō, cupīvī, cupītum	wünschen, begehren
cupiditās, ātis, *f.*	Begierde
cupidus	begierig
rērum novārum cupidus	auf Umsturz bedacht
cūr	warum
cūra	Sorge
cūrāre	sorgen
pontem faciendum cūrāre	eine Brücke schlagen lassen
domum renovandam cūrāre	das Haus erneuern lassen
sēcūrus	sorglos, sicher
cūria	Rathaus, Senat
currere, currō, cucurrī, cursum	laufen, eilen
cursus, ūs, *m*	Lauf, Bahn, *Kurs*
currus, ūs, *m.*	Wagen
concurrere	zusammenlaufen
concursus, ūs, *m.*	Zusammenlauf, Zusammenstoß
occurrere	entgegenlaufen, begegnen
succurrere	zu Hilfe eilen
custōs, ōdis	Wächter
custōdia	Wache, Gefängnis

16

D

damnum	Schaden, Verlust
damnāre	verurteilen

dare, dō, dedī, datum	geben
dōnō dare	zum Geschenk geben
crīminī dare	zum Vorwurf machen
laudī dare	zum Lob anrechnen
vitiō dare	als Fehler anrechnen
fidem dare	ein Treuwort geben
iūs iūrandum dare	einen Eid leisten
operam dare	sich Mühe geben
poenās dare	bestraft werden, büßen
circumdare	umgeben
dōnāre	schenken, beschenken
dōnum	Geschenk

dēdere, dēdō, dēdidī, dēditum	übergeben, ausliefern
dēditiō, ōnis, f.	Übergabe, Kapitulation
trādere	übergeben, überliefern
ēdere	herausgeben, hervorbringen
exemplum ēdere	ein Beispiel geben
reddere	zurückgeben; machen zu
ratiōnem reddere	Rechenschaft geben
cīvēs beātōs reddere	die Bürger glücklich machen
prōdere	mitteilen, verraten
memoriae prōdere	der Nachwelt überliefern
prōditor, ōris	Verräter
prōditiō, ōnis, f.	Verrat

abdere, abdō, abdidī, abditum	verbergen
addere	hinzufügen
condere	gründen, bauen
perdere	zugrunde richten, verlieren
vēndere	*(zum Verkauf geben)*, verkaufen
crēdere	glauben, vertrauen
crēderēs	man hätte glauben können
incrēdibilis, e	unglaublich
incrēdibile est dictū	es ist unglaublich zu sagen

dē b. Abl.	von — herab; von, über
dēmum *(adv.)*	erst, endlich
dēnique *(adv.)*	schließlich, endlich

decēre, decet, decuit	⟨zieren⟩, sich gehören
mē decet	es gehört sich für mich
decus, oris, *n.*	Schmuck, Ehre

dīgnus	würdig, wert
laude dīgnus	des Lobes wert; lobenswert
dīgnus, quī laudētur	wert, gelobt zu werden; lobenswert
dīgnitās, ātis, f.	Würde, Wert
dēlēre, dēleō, dēlēvī, dēlētum	zerstören, vernichten
dēlīberāre	erwägen, überlegen
dēnsus	dicht
deus	Gott
dea	Göttin
dīvus	göttlich
dīvīnus	göttlich
dexter, (e)ra, (e)rum	rechts
dext(e)ra	die rechte Hand, Rechte
dīcere, dīcō, dīxī, dictum	sagen, nennen; pass. sollen
dicerēs	man hätte sagen können
causam dīcere	eine Sache vertreten, verteidigen
diem dīcere	einen Termin ansetzen
salūtem dīcere	grüßen
ut paucīs dīcam	um es kurz zu sagen
dīves esse dīcitur	er soll reich sein
dictum	Ausspruch, Wort
dictātor, ōris	Diktator
condiciō, ōnis, f.	Bedingung, Lage
ēdīcere	ansagen, verordnen
ēdictum	Befehl, Verordnung
indīcere	ansagen, ankündigen
indicāre	anzeigen
indicium	Anzeige, Kennzeichen
interdīcere	ausschließen von, verbieten
interdīcere aquā et ignī	ächten
praedīcere	vorhersagen, prophezeien
praedicāre	ansagen, rühmen
maledīcere	⟨Böses nachsagen⟩, beschimpfen
maledīcere Rōmānīs	die Römer beschimpfen
diēs, ēī, m.	Tag
diēs āter	Unglückstag
in diēs	von Tag zu Tag
merīdiēs, ēī, m.	Mittag, Süden
diū (adv.)	lange
cottīdiē (adv.)	täglich
hodiē (adv.)	heute
prīdiē (adv.)	am Tage vorher
postrīdiē (adv.)	am folgenden Tage
discere, discō, didicī	lernen
disciplīna	Unterricht; Zucht, Disziplin

dīves, dīvitis	reich
dīvitiae, ārum	Reichtum
dīvidere, dīvidō, dīvīsī, dīvīsum	teilen, trennen
docēre, doceō, docuī, doctum	lehren
doctus	gelehrt
doctrīna	Lehre, Gelehrsamkeit
dolēre, doleō, doluī	leiden, bedauern
dolor, ōris, *m.*	Leid, Schmerz
dolus	List
domāre, domō, domuī, domitum	*zähmen*, bezwingen
domus, ūs, *f.*	Haus
domī	zu Hause
domō	von Hause
domum	nach Hause
domī mīlitiaeque	in Krieg und Frieden
domesticus	häuslich
domicilium	Wohnung, Wohnsitz
dominus	Herr
domina	Herrin
dōnec	solange als; so lange bis
dormīre	schlafen
dūcere, dūcō, dūxī, ductum	führen; halten für
Gallōs fortēs dūcere	die Gallier für tapfer halten
Rōmānōs plūris dūcere	die Römer höher schätzen
uxōrem dūcere	heiraten (vom Mann)
in numerō dūcere	zählen zu
dux, ducis	Führer
Hannibale duce	unter Hannibals Führung
addūcere	heranführen, veranlassen
indūcere	hineinführen, veranlassen
condūcere	zusammenführen, mieten
trādūcere	hinüberführen, übersetzen
ēducāre	erziehen
dulcis, e	süß, angenehm
dum *b. Ind.*	solange als; während
b. Konj.	so lange bis; wenn nur
interdum	bisweilen, manchmal
nōndum	noch nicht
duo, duae, duo	zwei
bis *(adv.)*	zweimal
dubius	zweifelhaft
dubitāre	zweifeln, zögern
nōn dubitō, quin	ich zweifle nicht, daß
dūrus	hart

edere, edō, ēdī, ēsum	essen
dēns, dentis, *m.*	Zahn
egēre, egeō, eguī	⟨*Mangel haben an*⟩, bedürfen
vīctū egēre	Nahrung brauchen
elementum	Grundstoff, *Element*
emere, emō, ēmī, emptum	nehmen, kaufen
adimere, adimō, adēmī, ademptum ⎫	
dēmere, dēmō, dēmpsī, dēmptum ⎭	wegnehmen
sūmere, sūmō, sūmpsī, sūmptum	nehmen
cōnsūmere	verbrauchen
sūmptus, ūs, *m.*	Aufwand, Kosten
exemplum	Beispiel
praemium	Belohnung
epistula	Brief
equus	Pferd
eques, itis	Reiter, Ritter
equester, tris, tre	beritten
equitātus, ūs, *m.*	Reiterei
ergō (*adv.*)	also
errāre	*irren*
esse, sum, fuī, futūrus	sein; vorhanden sein; wert sein
est, quod crēdant	es besteht Grund zu glauben
sunt, quī dīcant	es gibt Leute, die sagen
cīvitās cīvium est	der Staat gehört den Bürgern
cīvium est	es ist Aufgabe der Bürger
virtūtis est	es ist ein Zeichen von Tapferkeit
māgnī esse	viel wert sein, gelten
parvī esse	wenig wert sein, gelten
tantī esse	soviel wert sein, gelten
quantī esse	wieviel wert sein, gelten
cordī esse	am Herzen liegen
exemplō esse	als Beispiel dienen
ūsuī esse	von Nutzen sein
abesse (ab)	⟨*abwesend sein*⟩, entfernt sein (von)
nōn multum abest, quīn	es fehlt nicht viel, daß
adesse	⟨*anwesend sein*⟩, helfen
dēesse	⟨*weg sein*⟩, fehlen
inesse	⟨*darin sein*⟩, enthalten sein
interesse	⟨*dabeisein*⟩, teilnehmen; von Bedeutung sein
lūdīs interesse	an den Spielen teilnehmen
patris māgnī interest	es liegt sehr im Interesse des Vaters
nōn multum interest	es besteht kein großer Unterschied

obesse	⟨entgegensein⟩, schaden
praeesse	⟨voransein⟩, vorstehen
superesse	⟨übrigsein⟩, übrig bleiben
absēns, absentis	abwesend, entfernt
praesēns, praesentis	anwesend, gegenwärtig
prōdesse, prōsum, prōfuī	nützen
posse, possum, potuī	können
ērudīre	unterrichten, bilden
et	und, auch
et — et	sowohl — als auch
ex, ē b. Abl.	aus; seit
extrā b. Akk.	außer, außerhalb
exterior	der äußere
extrēmus	das äußerste
exsilium	Verbannung

F

faber, fabrī	Handwerker, Arbeiter
facere, faciō, fēcī, factum	machen, tun; schätzen
magnī facere	hochschätzen
parvī facere	geringschätzen
nihil reliquī facere	nichts übriglassen
facile est factū	es ist leicht zu tun
quid faciam?	was soll ich tun?
quid facerem?	was hätte ich tun sollen?
factum	Tat, Tatsache
facinus, oris, n.	Tat, Übeltat, Verbrechen
factiō, ōnis, f.	(politische Gruppe), Partei
faciēs, ēī, f.	Aussehen, Gesicht
facilis, e	leicht (zu tun)
facultās, ātis, f.	Möglichkeit, Fähigkeit
difficilis, e	schwer (zu tun)
difficultās, ātis, f.	Schwierigkeit
beneficium	Wohltat, Gefälligkeit
maleficium	Übeltat, Verbrechen
profectō (adv.)	in der Tat, sicherlich
afficere, afficiō, affēcī, affectum	⟨antun⟩, versehen mit
dolōre afficere	betrüben
laetitiā afficere	erfreuen
laude afficere	loben
poenā afficere	bestrafen
praemiō afficere	belohnen
suppliciō afficere	hinrichten

cōnficere ⎫ perficere ⎭	zustande bringen, vollenden
bellum cōnficere	den Krieg beenden
dēficere	abfallen, verlassen, fehlen
ā Rōmānīs dēficere	von den Römern abfallen
ad Rōmānōs dēficere	zu den Römern abfallen
animō dēficere	mutlos werden
pecūnia mē dēficit	das Geld fehlt mir
efficere	bewirken
interficere	töten
reficere	wiederherstellen
sē reficere	sich erholen
praeficere	an die Spitze stellen
praefectus	Befehlshaber, *Präfekt*
proficīscī, proficīscor, profectus sum	aufbrechen, reisen, marschieren
viā proficīscī	auf einer Straße marschieren
fallere, fallō, fefellī, (dēceptum)	täuschen, betrügen
fallit mē	es entgeht mir
falsus	*falsch*, unwahr
famēs, is, *f.*	Hunger
familia	Hausgemeinschaft, *Familie*
familiāris, e	⟨zur Familie gehörig⟩, vertraut; *subst.* Freund
fascēs, ium, *m.*	Rutenbündel *(als Symbol der Macht)*
fatērī, fateor, fassus sum	aussprechen, gestehen
cōnfitērī, cōnfiteor, cōnfessus sum	gestehen, bekennen
profitērī	offen erklären
fātum	⟨Götterspruch⟩, Schicksal
īnfāns, īnfantis	*(noch nicht sprechendes)* Kind
fās, *n.*	*(göttliches)* Recht
nefās, *n.*	Unrecht
fāma	Sage, Kunde, Ruf
fābula	Erzählung, *Fabel*
fatīgāre	ermüden
fessus	müde, erschöpft
favēre, faveō, fāvī, fautum	⟨günstig gesinnt sein⟩, begünstigen
coniūrātīs favēre	die Verschwörer begünstigen
fēcundus	fruchtbar
fēlīx, īcis	glücklich, erfolgreich
fēlīcitās, ātis, *f.*	Glück, Erfolg
fēmina	Frau
fīlius	Sohn
fīlia	Tochter
dēfendere, -fendō, -fendī, -fēnsum	verteidigen, abwehren
offendere	anstoßen, beleidigen

ferē *(adv.)*	fast, ungefähr
ferre, ferō, tulī, lātum	tragen, berichten, bringen; *pass.* eilen
ferunt	
fertur	man berichtet
aegrē ferre	
graviter ferre	⟨*ungern tragen*⟩, sich ärgern
opem ferre	Hilfe bringen
lēgem ferre	ein Gesetz beantragen
sententiam ferre	seine Stimme abgeben
fors, fortis, f.	Zufall
forte *(adv.)*	zufällig
fortāsse *(adv.)*	vielleicht
fortūna	Zufall, Glück, Schicksal
afferre, afferō, attulī, allātum	herbeitragen, melden
manum afferre	Hand anlegen
iniūriam afferre	Unrecht zufügen
vim afferre	Gewalt anwenden
auferre, auferō, abstulī, ablātum	wegtragen, wegnehmen
cōnferre, cōnferō, cōntulī, collātum	zusammentragen, vergleichen
sē Rōmam cōnferre	sich nach Rom begeben
dēferre, dēferō, dētulī, dēlātum	übertragen, berichten
differre, differō, distulī, dīlātum	aufschieben, verschieben
differre, differō	verschieden sein; sich unterscheiden
efferre, efferō, extulī, ēlātum	hinaustragen, emporheben
laudibus efferre	rühmen, preisen
īnferre, īnferō, intulī, illātum	hineintragen, zufügen
sīgna īnferre	angreifen
offerre, offerō, obtulī, oblātum	entgegenbringen, anbieten
perferre, perferō, pertulī, perlātum	ertragen
praeferre, praeferō, praetulī, praelātum	vorziehen
prōferre, prōferō, prōtulī, prōlātum	vorantragen, hervorbringen
referre, referō, rettulī, relātum	zurückbringen, berichten
pedem referre	sich zurückziehen
grātiam referre	Dank abstatten
ad senātum referre	dem Senat berichten
trānsferre, trānsferō, trānstulī, trānslātum	hinübertragen, übersetzen
ferrum	Eisen
ferrō īgnīque	mit Feuer und Schwert
ferus	wild, grausam
ferōx, ōcis	wild, trotzig
fīdere, fīdō, fīsus sum	vertrauen
fīdus	treu
perfidus	treulos
fidēs, eī, f.	Treue, Vertrauen
fidem habēre	Glauben schenken
fidem servāre	Treue halten

fidēlis, e	treu, zuverlässig
foedus, eris, *n.*	Bündnis, Vertrag
cōnfīdere *b. Abl.*	vertrauen
Rōmānīs cōnfīsus	im Vertrauen auf die Römer
diffīdere	mißtrauen
fierī, fīō, factus sum	werden, geschehen, gemacht werden
magnī fierī	viel gelten
parvī fierī	wenig gelten
fierī nōn potest, quīn	(es kann nicht geschehen, daß nicht); ganz sicher, ganz bestimmt
fīgere, fīgō, fīxī, fīxum	anheften, befestigen
fingere, fingō, finxī, fictum	formen, bilden, erdichten
figūra	Gestalt, *Figur*
fīnis, is, *m.*	Grenze, Ende; *pl.* Gebiet
fīnīre	begrenzen, beenden
dēfīnīre	begrenzen, bestimmen
fīnitimus	benachbart; *subst.* Nachbar
firmus	fest, stark
infirmus	schwach, mutlos
firmāre	befestigen, stärken
cōnfirmāre	stärken, ermutigen
affirmāre	versichern, behaupten
flāgitāre	dringend fordern
flāgitium	Schande, Verbrechen
flamma	*Flamme*
flectere, flectō, flexī, flexum	biegen, beugen
flēre, fleō, flēvī, flētum	weinen, beweinen
afflīgere, -flīgō, -flīxī, -flīctum	niederschlagen, beschädigen
cōnflīgere	zusammenstoßen, kämpfen
flōs, flōris, *m.*	Blüte, Blume
flōrēre, flōreō, flōruī	blühen
fluere, fluō, flūxī	fließen, strömen
fluctus, ūs, *m.*	Strömung
flūmen, inis, *n.*	Fluß
fluvius	Fluß
fodere, fodiō, fōdī, fossum	stechen, graben
fossa	Graben
foedus, a, um	häßlich, scheußlich
fōns, fontis, *m.*	Quelle
fōrma	Gestalt, *Form*
fortis, e	tapfer
fortitūdō, inis, *f.*	Tapferkeit

forum	Markt, Marktplatz
frangere, frangō, frēgī, frāctum	*brechen*, zerbrechen *(tr.)*
frāter, tris	*Bruder*
fraus, fraudis, *f.*	Betrug
frūstrā *(adv.)*	vergeblich
fremere, fremō, fremuī	murren, lärmen
frequēns, entis	zahlreich, häufig
frequentāre	häufig besuchen
frīgus, oris, *n.*	Kälte, Frost
frīgidus	kalt, frostig
frōns, frontis, *f.*	Stirn, *Front*
fruī, fruor, frūctus sum	⟨*Genuß haben von*⟩, genießen
ōtiō fruī	die Ruhe genießen
frūctus, ūs, *m.*	Ertrag, *Frucht*
frūmentum	Getreide, Korn
fugere, fugiō, fūgī, (fugitūrum)	meiden, fliehen
fugit mē	es entgeht mir
labōris fugiēns	arbeitsscheu
fuga	Flucht
fugāre	in die Flucht schlagen
effugere	⟨*meiden*⟩, entfliehen
mortem effugere	dem Tode entgehen
profugere	fliehen, sich flüchten
perfugere	sich flüchten, überlaufen
perfuga	Überläufer
fundere, fundō, fūdī, fūsum	zerstreuen, in die Flucht schlagen
fundus	Grund(stück), Boden
fundāmentum	Grundlage, *Fundament*
fungī, fungor, fūnctus sum	⟨*sich beschäftigen mit*⟩, verwalten
magistrātū fungī	ein Amt verwalten
virtūte fungī	Tapferkeit beweisen
fūnus, eris, *n.*	Begräbnis, Untergang
furor, ōris, *m.*	Wut, Raserei
futūrus	zukünftig
rēs futūrae	Zukunft
fore = futūrum esse	in Zukunft geschehen

gaudēre, gaudeō, gavīsus sum	sich freuen
laude gaudeō	über das Lob freue ich mich
id gaudeō	darüber freue ich mich
gaudium	Freude
gemere, gemō, gemuī	seufzen, stöhnen
genus, eris, *n.*	Geschlecht, Art
gēns, gentis, *f.*	Sippe, Volksstamm
gīgnere, gīgnō, genuī, genitum	erzeugen, hervorbringen
ingenium	Begabung, Charakter
ingēns, entis	ungeheuer, gewaltig
gerere, gerō, gessī, gestum	tragen, führen, ausführen
sē gerere	sich benehmen
bellum gerere	Krieg führen
cōnsulātum gerere	das Konsulat verwalten
rem pūblicam gerere	den Staat leiten
gladius	Schwert
gladiātor, ōris	Fechter, *Gladiator*
glōria	Ruhm
gradī, gradior, gressus sum	schreiten
gradus, ūs, *m.*	Schritt, Stufe
aggredī	angreifen
ēgredī	hinausgehen, verlassen
ingredī	hineingehen, betreten
prōgredī	vorrücken, fortschreiten
trānsgredī	überschreiten
congredī	zusammenkommen, kämpfen
congressus, ūs, *m.*	Zusammenkunft, Kampf
grātus	angenehm, dankbar
grātulārī	Glück wünschen, *gratulieren*
grātulātum venīre	kommen, um zu gratulieren
grātia	Gunst, Dank
grātiam habēre	Dank wissen (*Gesinnung*)
grātiam referre	Dank abstatten (*Tat*)
grātiās agere	Dank sagen (*Wort*)
grātiā *b. Gen.*	wegen
populī grātiā	des Volkes wegen
gravis, e	schwer (*von Gewicht*), gewichtig, ernst
gravitās, ātis, *f.*	Gewicht, Ernst, Würde
grex, gregis, *m.*	Herde, Schar
ēgregius	hervorragend, ausgezeichnet
congregāre	versammeln, vereinigen
gubernāre	steuern, lenken

habēre, habeō, habuī, habitum	haben, halten für
sē habēre	sich verhalten
prō certō habēre	für sicher halten
in numerō habēre	zu etwas rechnen
magnī habēre	hochschätzen
parvī habēre	geringschätzen
ōrātiōnem habēre	eine Rede halten
ratiōnem habēre	Rücksicht nehmen
senātum habēre	eine Senatssitzung abhalten
nōn habeō, quod	ich habe keinen Grund, daß
habitus, ūs, *m.*	Haltung, Aussehen
habitāre	wohnen, bewohnen
adhibēre	anwenden, hinzuziehen
vim adhibēre	Gewalt anwenden
prohibēre	fernhalten, hindern
prōvinciā prohibēre	von der Provinz fernhalten
dēbēre	schulden, verdanken, müssen
praebēre	darreichen, gewähren
sē probum praebēre	sich tüchtig zeigen
haerēre, haereō, haesī, haesum	hängen *(intr.)*, steckenbleiben
hasta	Lanze
haud	nicht
haurīre, hauriō, hausī, haustum	schöpfen
herī *(adv.)*	gestern
hic, haec, hoc	dieser
hīc *(adv.)*	hier
hūc *(adv.)*	hierher
adhūc *(adv.)*	bis jetzt, noch
hiems, hiemis, *f.*	Winter
historia	Geschichte
homō, hominis	Mensch
nēmō	niemand
hūmānus	menschlich
hūmānitās, ātis, *f.*	Menschlichkeit, Bildung
honor, ōris, *m.*	Ehre, Ehrenamt
honestus	ehrenvoll
hōra	Stunde
horrēre, horreō, horruī	verabscheuen, sich entsetzen
horribilis, e	schrecklich
horribile est vīsū	es ist schrecklich zu sehen
hortārī ⎫ adhortārī ⎭	ermahnen, anfeuern

hortus	Garten
cohors, cohortis, f.	(Gehege), Schar, Kohorte
hostis, is	Feind
hospes, itis	(Fremdling), Gastfreund
hospitium	Gastfreundschaft; Herberge
humus, ī, f.	Erde, Erdboden
humī	am Boden
humilis, e	niedrig, gering

I

iacere, iaciō, iēcī, iactum	werfen
iactāre	
sē iactāre	sich rühmen
conicere	⟨zusammenwerfen⟩, vermuten
inicere	⟨hineinwerfen⟩, einflößen
obicere	⟨entgegenwerfen⟩, vorwerfen
subicere	unterwerfen
trāicere	hinüberführen, übersetzen
cōpiās flūmen trāicere	die Truppen über den Fluß setzen
iacēre, iaceō, iacuī	(hingeworfen sein), liegen
iam	schon
nōn iam	nicht mehr
etiam	auch, sogar
idōneus	geeignet, tauglich
īgnāvus	träge, feige
īgnāvia	Trägheit, Feigheit
īgnis, is, m.	Feuer
ille, illa, illud	jener
illud Catōnis	jener berühmte Ausspruch Catos
ōlim (adv.)	einst
ultrō (adv.)	von selbst; noch dazu
ultrā b. Akk.	jenseits
ulterior, ius	jenseits, weiter entfernt
ultimus	der äußerste, letzte
imitārī	nachahmen, imitieren
imāgō, inis, f.	Abbild, Bild
in b. Akk.	in, auf, nach, gegen
in Asiam mittere	nach Asien schicken
in b. Abl.	in, auf
in Asiā morārī	sich in Asien aufhalten
inter b. Akk.	zwischen, unter
intereā (adv.)	inzwischen
interim (adv.)	

interdum (adv.)	bisweilen, manchmal
intrā b. Akk.	innerhalb
interior, ius	der innere
intimus	der innerste
intrāre	eintreten
īnfrā b. Akk.	unterhalb
inferī, ōrum	die Unterirdischen, Unterwelt
inferior, ius	der untere
infimus	der unterste
īnfēstus	feindlich
inquit	sagt(e) er
īnsula	*Insel*
interpres, -pretis	Dolmetscher, Unterhändler
interpretārī	auslegen, deuten
īra	Zorn
īrascī, īrāscor, īrātus sum	zürnen
īrātus	erzürnt
īre, eō, iī, itum	gehen
viā īre	auf einem Weg gehen
iter, itineris, n.	Weg, Marsch, Reise
magnis itineribus	in Eilmärschen
adīre	hinzugehen, besuchen, bitten
prōvinciam adīre	die Provinz besuchen
senātum adīre	den Senat bitten
aditus, ūs, m.	Zugang
coīre	zusammengehen, sich vereinigen
comitārī	begleiten
comes, itis	Begleiter
comitia, ōrum, n.	Volksversammlung, Wahlen
exīre	hinausgehen, verlassen
exitus, ūs, m.	Ausgang, Ende
inīre	hineingehen, beginnen
cōnsilium inīre	einen Plan fassen
magistrātum inīre	ein Amt antreten
ratiōnem inīre	ein Verfahren einschlagen
initium	Anfang
initiō (adv.)	anfangs
interīre	untergehen
interitus, ūs, m.	Untergang
obīre	entgegengehen, auf sich nehmen
mūnus obīre	eine Aufgabe übernehmen
mortem obīre	sterben
perīre	zugrunde gehen
praeīre	vorangehen
praetor, ōris	Feldherr, Statthalter, *Prätor*

praeterīre	vorbeigehen, übergehen
praeterit mē	es entgeht mir
prōdīre	hervorgehen, vorrücken
redīre	zurückkehren
reditus, ūs, *m.*	Rückkehr
subīre	daruntergehen, auf sich nehmen
tēctum subīre	ein Haus betreten
labōrem subīre	eine Arbeit übernehmen
subitō (*adv.*)	plötzlich
trānsīre	hinübergehen, überschreiten
flūmen trānsīre	einen Fluß überschreiten
trānsitus, ūs, *m.*	Übergang
venīre, veneō, veniī	(*zum Verkauf kommen*), verkauft werden
nequīre, nequeō, nequīvī	nicht können
ambitiō, ōnis, *f.*	Bewerbung, Ehrgeiz
sēditiō, ōnis, *f.*	Aufstand
is, ea, id	er; der; dieser
eō (*adv.*)	dorthin; deshalb
eōdem (*adv.*)	ebendorthin
adeō (*adv.*)	so sehr
īdem, eadem, idem	derselbe

īdem { atque (ac) / quī } derselbe wie

ipse, ipsa, ipsum	selbst
illō ipsō annō	gerade in jenem Jahre
sub ipsō mūrō	unmittelbar an der Mauer
iste, ista, istud	dieser da (verächtlich)
ibi (*adv.*)	dort, da
inde (*adv.*)	von dort; darauf; deshalb
deinde (*adv.*)	darauf, dann
ita (*adv.*)	so
itaque (*adv.*)	(*und so*), daher
item (*adv.*)	ebenso
iterum (*adv.*)	wiederum
iubēre, iubeō, iussī, iussum	⟨auffordern⟩, befehlen
iussū (*Abl.*)	auf Befehl

iubeor venīre ich werde aufgefordert zu kommen / mir wird befohlen zu kommen

pōns fierī iussus est man befahl, eine Brücke zu bauen

iungere, iungō, iūnxī, iūnctum	verbinden
foedus iungere	ein Bündnis schließen
iugum	Höhe, Gebirgskamm, *Joch*
coniungere	verbinden, vereinigen
coniu(n)x, iugis	Gatte, Gattin

iūs, iūris, *n.*	Recht
in iūs vocāre	
in iūdicium vocāre	vor Gericht ziehen
iūs iūrandum	Eid
iniūria	Unrecht, Ungerechtigkeit
iūrāre	schwören
coniūrāre	sich verschwören
coniūrātus	Verschwörer
coniūrātiō, ōnis, *f.*	Verschwörung
iūstus	gerecht, richtig
iūstitia	Gerechtigkeit
iūdex, iūdicis	Richter
iūdicium	Urteil, Gericht
iūdicāre	urteilen, halten für
omnēs hostēs iūdicāre	alle für Feinde halten
iuvāre, iuvō, iūvī, iūtum	
adiuvāre	unterstützen, helfen
Rōmānōs adiuvant	sie unterstützen die Römer
	sie helfen den Römern
Rōmānī adiuvantur	die Römer werden unterstützt
	den Römern wird geholfen
iuvat mē	es freut mich
iūcundus	angenehm, erfreulich
iūcundum est audītū	es ist angenehm zu hören
iuvenis, is	jung; *subst.* junger Mann
iuventūs, ūtis, *f.*	Jugend

L

lābī, lābor, lāpsus sum	gleiten, fallen
labor, ōris, *m.*	Arbeit, Mühe
labōrāre	arbeiten, sich mühen;
	in Not sein, leiden
morbō labōrāre	an einer Krankheit leiden
fame sitīque labōrāre	Hunger und Durst leiden
lacessere, lacessō, lacessīvī, lacessītum	reizen
proeliō lacessere	zum Kampf reizen
dēlectāre	erfreuen
lacrima	Träne
lacrimāre	weinen
laedere, laedō, laesī, laesum	verletzen, kränken
laetus	fröhlich
laetitia	Fröhlichkeit
laetārī	sich freuen

largus   reichlich, freigebig
largīrī   schenken, spenden

latēre, lateō, latuī   verborgen sein

latus, eris, *n.*   Seite, Flanke

lātus, a, um   breit
lātitūdō, inis, *f.*   Breite

laus, laudis, *f.*   Lob
laudāre   loben

lavāre, lavō, lāvī, lautum   waschen *(tr.)*; pass. baden *(intr.)*

legere, legō, lēgī, lēctum   lesen, sammeln
legiō, ōnis, *f.*   *(ausgehobene Mannschaft)*, *Legion*
colligere, -lēgī -lēctum   sammeln, folgern, schließen
collēga, ae, *m.*   *(Mitgewählter)*, Amtsgenosse, *Kollege*
dēligere, -lēgī, -lēctum   auswählen
dīligere, -lēxī, -lēctum   *(auswählen)*, lieben
dīligēns, entis   sorgfältig, genau
    vēritātis dīligēns   wahrheitsliebend
dīligentia   Sorgfalt, Genauigkeit
intellegere, -lēxi, -lēctum   einsehen, erkennen
neglegere, -lēxī, -lēctum   vernachlässigen
neglegēns, entis   nachlässig
    officiī neglegēns   pflichtvergessen
neglegentia   Nachlässigkeit
religiō, ōnis, *f.*   *(Gewissenhaftigkeit)*, Gottesverehrung, *Religion*

lēnis, e   sanft

lentus   langsam

leō, ōnis, *m.*   *Löwe*

levis, e   *leicht (von Gewicht)*; leichtsinnig
levāre   erleichtern, heben
sublevāre   emporheben, helfen

lēx, lēgis, *f.*   Gesetz
lēgātus   Gesandter; Unterfeldherr
lēgātiō, ōnis, *f.*   Gesandtschaft

līber, lībera, līberum   frei
    timōre līber   von Furcht frei
līberī, ōrum   die *(freigeborenen)* Kinder
lībertās, ātis, *f.*   Freiheit
līberāre   befreien
    onere līberāre   von einer Last befreien
līberālis, e   freigebig, gütig

liber, librī, *m.*   Buch

libet, libuit   es gefällt, *beliebt*
libenter *(adv.)*   gern

libīdō, inis, *f.*	Begierde
licet, licuit	es ist erlaubt, man darf
licentia	Erlaubnis, Willkür
pollicērī, polliceor, pollicitus sum	versprechen
līmen, inis, *n.*	Schwelle, Eingang
līmes, itis, *m.*	Weg, Grenzweg, Grenze
lingua	*Zunge,* Sprache
re**linquere,** -linquō, -līquī, -lictum	zurücklassen, verlassen
praesidiō relinquere	zum Schutz zurücklassen
reliquus	übrig
nihil reliquī facere	nichts übriglassen
reliquiae	Überreste
dēlinquere	*(den rechten Weg verlassen),* sich vergehen, verfehlen
dēlictum	Vergehen, *Delikt*
littera	Buchstabe
litterae, ārum	Brief; Wissenschaft
lītus, oris, *n.*	Strand
locus	Ort, Stelle
loca ēdita	Anhöhen, Hügel
locāre	stellen, legen; vermieten
collocāre	aufstellen, einrichten
castra collocāre	ein Lager aufschlagen
longus	*lang*
longē *(adv.)*	bei weitem
longitūdō, inis, *f.*	Länge
loquī, loquor, locūtus sum	sprechen, reden
colloquī	sich unterhalten, besprechen
colloquium	Unterhaltung, Gespräch
ēloquentia	Beredsamkeit
vir magnae ēloquentiae ⎫ vir magnā ēloquentiā ⎬ ⎭	ein Mann (von) großer Beredsamkeit
lūcēre, lūceō, lūxī	*leuchten*
lūx, lūcis, *f.*	*Licht,* Helligkeit
lūce clārius	heller als das Licht, sonnenklar
lūmen, inis, *n.*	Licht, Leuchte
lūna	Mond
illūstris, e	hell, berühmt
lūdere, lūdō, lūsī, lūsum	spielen
lūdus	Spiel; Schule
lūgēre, lūgeō, lūxī	trauern, betrauern
lūctus, ūs, *m.*	Trauer
lupus	Wolf
luxuria	Genußsucht, *Luxus*

M

maestus	traurig
maestitia	Traurigkeit
miser, era, erum	elend, arm
miserārī, miseror, miserātus sum	bemitleiden, beklagen
miserērī, misereor, miseritus sum	Mitleid fühlen, sich erbarmen
māgnus	groß
magnitūdō, inis, f.	Größe
māior, māius	größer, *pl.* Vorfahren
maximus	der größte, älteste
magis *(adv.)*	mehr
maximē *(adv.)*	am meisten
magister, trī	*(Vorgesetzter)*, Lehrer
magistrātus, ūs, m.	*(Obrigkeit)*, Beamter, Amt
malus (pēior, pessimus)	schlecht
malum	Übel, Unheil
manēre, maneō, mānsī, mānsum	bleiben
permanēre	verbleiben, fortdauern
manus, ūs, f.	Hand; ⟨Handvoll⟩, Schar
mandāre	*(in die Hand legen)*, übergeben, anvertrauen
fugae sē mandāre	die Flucht ergreifen
litterīs mandāre	aufschreiben
memoriae mandāre	überliefern
mandātum	Auftrag
manifēstus	*(handgreiflich)*, offenbar, klar
mare, is, n.	*Meer*
maritimus	zum Meer gehörig, am Meer gelegen
māter, tris	*Mutter*
mātrimōnium	Ehe
māteria	Holz, *Material*
	Stoff, *Materie*
mātūrus	reif
meāre	gehen
commeātus, ūs, m.	Nachschub
medicus	Arzt
medicīna	Arznei
medius	*mitten* gelegen, der mittlere
in mediā īnsulā	in der Mitte der Insel
melior, us	besser
membrum	Glied
meminisse, meminī	sich erinnern
mementō!	erinnere dich!
mementōte!	erinnert euch!

meminī { vestrum / vōs	ich erinnere mich an euch
mēns, mentis, f.	Verstand, Geist
mentīrī, mentior, mentītus sum	⟨ersinnen⟩, lügen
(ad)monēre, moneō, monuī, monitum	ermahnen, erinnern
hoc tē moneō	ich erinnere dich daran
dē fidē moneō	ich erinnere dich an die Treue
monumentum	(Erinnerungszeichen), Denkmal, Monument
memor, oris b. Gen.	eingedenk
memor esse	denken an
memoria	Gedächtnis, Erinnerung, Zeit
memoria vestrī	die Erinnerung an euch
memoriā patrum	zur Zeit der Väter
(com)memorāre	erwähnen
mēnsa	Tisch
mēnsis, is, m.	Monat
merēre, mereō, meruī, meritum	
merērī, mereor, meritus sum	verdienen, sich verdient machen
stīpendia merēre	
stīpendia merērī	als Soldat dienen
meritum	Verdienst
meritō (adv.)	nach Verdienst
merx, mercis, f.	Ware
mercātor, ōris	Kaufmann
commercium	Handel, Verkehr
metus, ūs, m.	Furcht
metus Rōmānōrum {	die Furcht der Römer / die Furcht vor den Römern
metuere, metuō, metuī b. Akk. / b. Dat.	fürchten, sich fürchten vor / fürchten für, besorgt sein um
metuere hostēs	die Feinde fürchten
metuere libertātī	um die Freiheit besorgt sein
metuō, nē veniat	ich fürchte, daß er kommt
metuō, ut veniat	ich fürchte, daß er nicht kommt
migrāre	wandern
mīles, itis	Soldat
mīlitia	Kriegsdienst
mīlitāris, e	soldatisch, kriegerisch
commīlitō, ōnis	Kamerad
mīlle (pl. mīlia)	tausend
mīlle cīvēs	tausend Bürger
tria mīlia cīvium	dreitausend Bürger
minārī	drohen
ēminēre	hervorragen, sich auszeichnen
imminēre	(hineinragen), drohen
mōns, montis, m.	Berg

minor, minus	kleiner, geringer, weniger
minus mīlle cīvēs	weniger als tausend Bürger
minuere, minuō, minuī, minūtum	vermindern, verkleinern
minimus	der kleinste, geringste
minimē *(adv.)*	am wenigsten, keineswegs
minister, trī	Diener
ministerium	Dienst
ministrāre	dienen
administrāre	verwalten, lenken
mīrus	wunderbar, erstaunlich
(ad)mīrārī	sich wundern, bewundern
miscēre, misceō, miscuī, mixtum	*mischen*
mittere, mittō, mīsī, missum	schicken, senden
auxiliō mittere	zu Hilfe schicken
admittere	zulassen
āmittere	*(loslassen)*, verlieren
committere	beginnen, begehen, überlassen
proelium committere	eine Schlacht beginnen
scelus committere	ein Verbrechen begehen
dīmittere	fortschicken, entlassen
intermittere	unterlassen, unterbrechen
omittere	loslassen, aufgeben
spem omittere	die Hoffnung aufgeben
permittere	erlauben
praemittere	vorausschicken
praetermittere	vorbeigehenlassen, unterlassen
diem praetermittere	einen Termin versäumen
officium praetermittere	die Pflicht nicht erfüllen
prōmittere	versprechen
submittere	zu Hilfe schicken
modus	*Maß, Art, Weise*
modo *(adv.)*	nur; soeben, gerade
modo — modo	bald — bald
admodum *(adv.)*	*(bis zum vollen Maß)*, völlig, sehr
quemadmodum *(adv.)*	
quōmodo *(adv.)*	⟨*auf welche Weise*⟩, wie
modestus	bescheiden
modestia	Bescheidenheit
commodus	angemessen, bequem
commodum	Vorteil, Nutzen
moenia, ium, *n.*	Stadtmauern
mūnīre	befestigen
castra mūnīre	ein befestigtes Lager aufschlagen
viam mūnīre	einen festen Weg anlegen
mūnītiō, ōnis, *f.*	Befestigung
mūrus	*Mauer*

mōlēs, is, *f.*	Masse, Last, Mühe
molestus	lästig, beschwerlich
molestia	Last, Ärger
mollis, e	weich, mild
mōnstrāre	zeigen
dēmōnstrāre	zeigen, beweisen
mōnstrum	*(Zeichen der Götter)*, Ungeheuer, *Monstrum*
mora	Verzug, Aufenthalt
morārī	(sich) aufhalten
morī, morior, mortuus sum	sterben
mortuus	tot
mors, mortis, *f.*	Tod
mortālis, e	sterblich; *subst.* Mensch
immortālis, e	unsterblich; *subst.* Gott
morbus	Krankheit
mōs, mōris, *m.*	Sitte, Brauch
movēre, moveō, mōvī, mōtum	bewegen
castra movēre	aufbrechen, vorrücken
senātū movēre	aus dem Senat ausschließen
mōtus, ūs, *m.*	Bewegung; Aufstand
mōmentum	Augenblick; Bedeutung
commovēre ⎫	
permovēre ⎭	bewegen, erregen, veranlassen
mox *(adv.)*	bald
mulier, eris	Frau
multī (plūrēs, plūrimī)	viele
multī nostrum	viele von uns
multā nocte	in tiefer Nacht
permultī	sehr viele
multum *(adv.)*	viel, oft
multitūdō, inis, *f.*	Menge, Masse
mundus	Welt
mūnus, eris, *n.*	*(Leistung)*, Geschenk, Aufgabe
commūnis, e	gemeinsam
commūnicāre	vereinigen, mitteilen
mūtāre	ändern, verändern

nam enim etenim	denn, nämlich
nancīscī, nancīscor, na(n)ctus sum	erlangen, bekommen
narrāre	erzählen
ignōrāre	nicht wissen, nicht kennen
nōn ignōrāre	genau wissen, genau kennen
nōscere, nōscō, nōvī, nōtum	kennenlernen
nōvisse	kennen, wissen
nōtus	bekannt
īgnōtus	unbekannt
nōbilis, e	bekannt, berühmt
nōbilitās, ātis, f.	(Berühmtheit), Adel
āgnōscere, āgnōscō, āgnōvī, ágnitum	erkennen, anerkennen
cōgnōscere, cōgnōscō, cōgnōvī, cógnitum	erkennen, erfahren
īgnōscere, īgnōscō, īgnōvī, īgnōtum	Einsehen haben, verzeihen
nāscī, nāscor, nātus sum	geboren werden, entstehen
nātus	geboren; subst.: Sohn
nōbilī genere nātus	aus vornehmer Familie
nātiō, ōnis, f.	Stamm, Volk, Nation
nātūra	Natur
nātūrālis, e	natürlich
nāvis, is, f.	Schiff
nāvigium	Schiff
nāvigāre	fahren (zur See)
nauta	Schiffer, Matrose
-ne?	direktes Fragewort: unübersetzt indirektes Fragewort: ob
legisne?	liest du?
quaerō, legāsne	ich frage, ob du liest
nōnne?	direktes Fragewort: doch wohl indirektes Fragewort: ob nicht
nōnne legis?	du liest doch wohl?
quaerō, nōnne legās	ich frage, ob du nicht liest
nē	nicht; daß nicht, damit nicht; daß
nē mē tetigeris! nōlī mē tangere!	rühr mich nicht an!
nē pūgnent!	sie sollen nicht kämpfen!
optāmus, nē pūgnent.	wir wünschen, daß sie nicht kämpfen.
timeō, nē pūgnent.	ich fürchte, daß sie kämpfen.
perīculum est, nē pūgnent.	es besteht Gefahr, daß sie kämpfen.
nē quis	daß niemand
nē quid	daß nichts

nē — quidem	nicht einmal
nē vōs quidem	nicht einmal *ihr*
nēve	oder nicht, und nicht
neque (nec)	und nicht, auch nicht
neque (nec) — neque (nec)	weder — noch
neque quisquam	und niemand
neque quicquam	und nichts
neque enim	denn nicht
neque vērō	aber nicht
negāre	verneinen; sagen, daß nicht
nihil	nichts
nihil *(adv.)*	in keiner Weise
nihil — nisī	*nichts — außer;* nur
nihil vīdī nisī mīlitēs	ich sah nur Soldaten
nihilō minus	nichtsdestoweniger, trotzdem
necāre	töten
perniciēs, ēī, f.	Verderben
nocēre, noceō, nocuī, nocitum	schaden
innocēns, entis	unschuldig, rechtschaffen
nepōs, ōtis	Enkel, Nachkomme
niger, gra, grum	schwarz
nimius	zu groß
nimis *(adv.)*	zu sehr
nītī, nītor, nīsus oder nīxus } sum	sich stützen auf, sich anstrengen
nīsus optimātibus	gestützt auf die Optimaten
nix, nivis, f.	Schnee
nōmen, inis, n.	*Name*
nōmen Augustī	der Name Augustus
cōgnōmen, inis, n.	Beiname
nōmināre	nennen
Marium fortem nōminant	
Marius fortis nōminātur }	nennt man Marius tapfer
nōn	nicht
nōn sōlum — sed etiam	nicht nur — sondern auch
nōn — nisī	⟨*nicht — außer*⟩; nur
nōn timeō nisī noctū	ich fürchte mich nur nachts
novus	*neu*
homō novus	Emporkömmling
renovāre	erneuern
nox, noctis, f.	*Nacht*
primā nocte	bei Anbruch der Nacht
noctū *(adv.)*	nachts
nocturnus	nächtlich

nūbere, nūbō, nūpsī, nuptum   ⟨sich einem Mann vermählen⟩; heiraten
   Terentia Cicerōnī nūpsit   Terentia heiratete Cicero

nūbēs, is, f.   Wolke

nūdus   *nackt,* ungeschützt

num?   *direktes Fragewort: doch wohl nicht?*
   indirektes Fragewort: ob etwa

   num dormīs?   du schläfst doch wohl nicht?
   quaerō, num dormiās.   ich frage, ob du etwa schläfst.

nunc *(adv.)*   jetzt

nūper *(adv.)*   neulich

nūmen, minis, *n.*   Gottheit

numerus   Zahl, Anzahl
numerāre   zählen

nūntius   Bote, Botschaft
nuntiāre   melden

O

ob *b. Akk.*   wegen; gegen . . . hin
   ob eam rem   deshalb

oblīvīscī, oblīvīscor, oblītus sum   vergessen

   oblīvīscī { iniūriam / iniūriae }   das Unrecht vergessen

oculus   *Auge*

ōdisse, ōdī   hassen
odium   Haß

ōmen, ōminis, *n.*   Vorzeichen

omnis, e   jeder, ganz; *pl.* alle
omninō *(adv.)*   gänzlich, überhaupt

onus, eris, *n.*   Last

opīniō, ōnis, f.   Meinung
   opīniōne celerius   über Erwarten schnell

optāre   wünschen

oportet, oportuit   es gehört sich; es ist nötig

oppidum   Stadt

ops, opis, f.   Macht, Hilfe; *pl.* Machtmittel, Reichtum

   opem ferre   Hilfe bringen
   opem petere   Hilfe erbitten

opulentus   reich
optimus   *(der reichste),* der beste
optimātēs, ium   Senatspartei, *Optimaten*

cōpia	Menge, Möglichkeit; *pl.* Reichtum
inopia	Mangel, Not
opus, eris, *n.*	Arbeit, Werk
opus est	es ist nötig
mihi opus est auxiliō	ich brauche Hilfe
māgnopere *(adv.)*	sehr
quantopere *(adv.)*	wie sehr
tantopere *(adv.)*	so sehr
officium	*(Dienstleistung)*, Pflicht
opera, ae	Arbeit, Mühe
operam dare	sich Mühe geben
ōrāre	beten, bitten; reden
adōrāre	anbeten
ōrātor, ōris	Redner
ōrātiō, ōnis, f.	Rede
ōrāculum	*(Götterspruch)*, Orakel
orbis, is, *m.*	Kreis, Erdkreis
ōrdō, inis, *m.*	Ordnung, Reihe, Stand
ōrdō equester	Ritterstand
ōrdō senātōrius	Senatorenstand
ōrnāre	schmücken
ōrnāmentum	Schmuck
orīrī, orior, ortus sum	entstehen, aufgehen
humilī locō ortus	von einfacher Herkunft
oriēns (sōl), entis, *m*	*(Sonnenaufgang)*, Osten
orīgō, inis, f.	Ursprung
adorīrī	angreifen
ōs, ōris, *n.*	Mund, Gesicht
ōra	Küste
ōtium	Muße, Ruhe
negōtium	Beschäftigung, Aufgabe

P

paene *(adv.)*	fast
paene dīxī	fast *hätte* ich gesagt
palūs, ūdis, f.	Sumpf
pār, paris	gleich
comparāre cum	vergleichen mit
parcere, parcō, pepercī, (temperātum)	⟨Schonung gewähren⟩, schonen
captīvīs parcere	die Gefangenen schonen
parēre, pareō, paruī	*(erscheinen)*, gehorchen
apparēre	erscheinen, offenbar sein

parere, pariō, peperī, partum	gebären, hervorbringen, gewinnen
victōriam parere	einen Sieg erringen
reperīre, reperiō, repperī, repertum	*(wiedergewinnen),* finden
pauper, eris	*(wenig gewinnend),* arm
paupertās, ātis, *f.*	Armut, Not
parāre	bereiten, sich verschaffen
parātus	bereit
comparāre	erwerben
praeparāre	vorbereiten
reparāre	wiederherstellen
sēparāre	absondern, trennen
imperāre	auftragen, befehlen
imperātor, ōris	Feldherr, Kaiser
imperium	Befehl, Herrschaft, Reich
pars, partis, *f.*	Teil, Seite
ab utrāque parte	*auf* beiden Seiten
partim *(adv.)*	teils
particeps, cipis	teilhaftig
ratiōnis particeps	vernünftig
partīrī	teilen
parvus (minor, minimus)	klein, gering
parum *(adv.)*	zu wenig
pāstor, ōris	Hirt
pater, tris	*Vater; pl. (oft)* Senatoren
patrius	väterlich, heimisch
patria	Vaterland
patricius	adelig, *subst. Patrizier*
patrōnus	Schutzherr, *Patron*
impetrāre	erreichen, durchsetzen
patēre, pateō, patuī	offenstehen, sich erstrecken
patefacere, -faciō, -fēcī, -factum	öffnen, aufdecken
passus, ūs, *m.*	Schritt
patī, patior, passus sum	leiden, dulden
frigoris patiēns	unempfindlich gegen Kälte
patientia	Geduld, Ausdauer
paucī	wenige
perpaucī	sehr wenige
paulum	ein wenig
paulō post	*(ein wenig später),* bald darauf
paulātim *(adv.)*	allmählich
pāx, pācis, *f.*	Friede
pācāre	*(befrieden),* unterwerfen
peccāre	sündigen
pectus, oris, *n.*	Brust

pecus, oris, *n.*	Vieh
pecūnia	Vermögen, Geld
pēior, pēius	schlechter, geringer
pessimus	der schlechteste
pellere, pellō, pepulī, pulsum	treiben, vertreiben
impellere	antreiben, veranlassen
appellere	herantreiben, landen
navēs ad Africam appulērunt	}
navēs ad Africam appulsae sunt	die Schiffe landeten in Afrika
appellāre	anreden, nennen
Gallōs fortēs appellant	}
Gallī fortēs appellantur	man nennt die Gallier tapfer
pendēre, pendeō, pependī	hängen *(intr.)*
pendere, pendō, pependī, pēnsum	aufhängen *(tr.)*, abwägen, bezahlen
magnī pendere	hochschätzen
parvī pendere	geringschätzen
poenās pendere	*(Strafe zahlen)*, bestraft werden, büßen
pondus, eris, *n.*	Gewicht
stīpendium	Sold, Tribut; Kriegsdienst
stīpendia facere	Kriegsdienste leisten
suspendere	aufhängen
per *b. Akk.*	durch, hindurch
perītus	kundig, erfahren
perīculum	Gefahr
perīculōsus	gefährlich
comperīre, -periō, -pertum	erfahren
experīrī, -perior, -pertus sum	versuchen, erproben
persōna	Maske, Rolle, *Person*
pēs, pedis, *m.*	*Fuß*
pedes, itis	Fußsoldat, Infanterist
pedester, tris, tre	zu Fuß gehend
peditātus, ūs, *m.*	Fußvolk, Infanterie
expedīre	freimachen, erledigen
expedītiō, ōnis, *f.*	Feldzug, *Expedition*
impedīre	hindern, verhindern
impedīmentum	Hindernis; *pl.* Gepäck, Troß
pestis, is, *f.*	Seuche, Unheil, *Pest*
petere, petō, petīvī, petītum	zu erreichen suchen von (ab), (er)bitten
pecūniam ā patre petere	den Vater um Geld bitten
cōnsulātum petere	sich um das Konsulat bewerben
hostēs petere	die Feinde angreifen
fugā salūtem petere	sein Heil in der Flucht suchen
expetere	}
appetere	erstreben, begehren
glōriae appetēns	ruhmsüchtig

repetere	wiederholen
impetus, ūs, *m.*	Angriff, Ansturm
perpetuus	ununterbrochen, beständig
philosophia	*Philosophie*
philosophus	*Philosoph*
piger, gra, grum	träge, faul
impiger, gra, grum	tätig, unermüdlich
pīlum	Wurfspieß
pingere, pingō, pīnxī, pictum	malen
pīrāta, ae, *m.*	Seeräuber, *Pirat*
pius	fromm
pietās, ātis, *f.*	Frömmigkeit
placāre	besänftigen, versöhnen
placēre, placeō, placuī, placitum	gefallen
placet	⟨*es gefällt*⟩, man beschließt
plānus	flach, eben, deutlich
plānē *(adv.)*	deutlich, völlig
plānitiēs, ēī, *f.*	Ebene
plēnus	voll
com-plēre, -pleō, -plēvī, -plētum	anfüllen
plērīque	die meisten
plērumque *(adv.)*	meistens
plūs, plūris; *pl.* plūrēs, plūra	mehr
plūs decem urbēs	mehr als zehn Städte
complūrēs, a	mehrere
plūrimus; *pl.* plūrimī	der meiste; sehr viele
plūrimum *(adv.)*	am meisten
plēbs, plēbis, *f.*	Volksmasse, Bürgerstand, *Plebs*
plēbēius	niedrig, bürgerlich, *plebejisch*
plōrāre	schreien, klagen
explōrāre	*(aufstöbern),* erkunden, erforschen
implōrāre	*(anrufen),* anflehen, bitten
poena	Strafe
pūnīre	bestrafen
poēta	Dichter, *Poet*
pōnere, pōnō, posuī, positum	setzen, stellen, legen
castra pōnere	ein Lager aufschlagen
ēdictum pōnere	eine Verfügung erlassen
compōnere	zusammenstellen, vergleichen
dispōnere	verteilen, ordnen
expōnere	auseinandersetzen, darlegen
impōnere	hineinlegen, auferlegen
oppōnere	entgegenstellen, einwenden
praepōnere	voranstellen, an die Spitze stellen
prōpōnere	vor Augen stellen, darlegen

pōns, pontis, *m*.	Brücke
pontifex, icis	*(Brückenbauer)*, Oberpriester
populus	Volk
populāris, e	zum Volk gehörig, *subst.* Landsmann
populārēs, ium	Demokraten *(Gegensatz: Optimaten)*
populārī	*(entvölkern)*, verwüsten
pūblicus	öffentlich, staatlich
publicē *(adv.)*	öffentlich, im Namen des Staates
rēs pūblica	Staat, *Republik*
porta	⟨Durchgang⟩, Tür, Tor, *Pforte*
portus, ūs, *m*.	Hafen
opportūnus	*(zugänglich)*, günstig, geeignet
portāre	tragen
poscere, poscō, poposcī *(postulātum)*	} fordern
postulāre	
senātum auxilium poscere	vom Senat Hilfe fordern
post *b. Akk.*	hinter, nach
post *(adv.)*	} nachher, später
posteā *(adv.)*	
postquam	nachdem
posterus	später, folgend; *subst. pl.* Nachkommen
postrēmus	der letzte
postrēmō *(adv.)*	zuletzt, schließlich
potior, potius	vorzüglicher, besser
potius *(adv.)*	vielmehr, eher
potissimum *(adv.)*	besonders, hauptsächlich
posse, possum, potuī	können
potēns, entis	mächtig
potentia	Macht, Einfluß
potestās, ātis, *f*.	Macht, Amtsgewalt; Möglichkeit
potīrī	⟨*mächtig werden durch*⟩, sich bemächtigen
castrīs potīrī	sich des Lagers bemächtigen
	das Lager erobern
rērum potīrī	sich der Herrschaft bemächtigen
	die Herrschaft an sich reißen
prae *b. Abl.*	vor, wegen
prae dolōre loquī nōn posse	vor Schmerz nicht sprechen können
praeter *b. Akk.*	vorbei an; außer
praeter spem	wider Erwarten
praetereā *(adv.)*	außerdem
praeda	Beute
precēs, um, *f*.	Bitten, Gebet
precārī	bitten, beten

prehendere, -hendō, -hendī, -hēnsum	fassen, ergreifen
comprehendere	ergreifen, begreifen
deprehendere	ergreifen, ertappen
reprehendere	zurückhalten, tadeln
premere, premō, pressī, pressum	drücken, bedrängen
opprimere	unterdrücken, überfallen
pretium	Preis, Lohn, Wert
prior, prius	der frühere, vordere
priusquam	eher als, bevor
prīmus	der erste
prīmō *(adv.)*	zuerst, anfangs
prīmum *(adv)*	zuerst, zum erstenmal
imprīmīs *(adv.)*	besonders
prīnceps, cipis, *m.*	der erste; Führer, Fürst
prīncipātus, ūs, *m.*	Vorrang, Führung, *Prinzipat*
prīncipium	Anfang, Ursprung, *Prinzip*
prīvāre	berauben
vītā prīvāre	töten
prīvātus	persönlich, *privat*
prīvātim *(adv.)*	für sich, für seine Person
prō *b. Abl.*	für, vor, statt
prō patriā	für das Vaterland
prō castrīs	vor dem Lager
prō frātre	statt des Bruders
probus	rechtschaffen, tüchtig
improbus	schlecht, böse
probitās, ātis, *f.*	Rechtschaffenheit, Tüchtigkeit
probāre	prüfen, billigen
procul *(adv.)*	fern, von fern
proelium	Kampf, Schlacht
prope *b. Akk.*	nahe bei
prope *(adv.)*	beinahe, fast
prope oblītus sum	fast *hätte* ich vergessen
propior, propius	näher
proximus	der nächste, letzte
propinquus	benachbart; verwandt
appropinquāre	sich nähern
propter *b. Akk.*	wegen
proptereā *(adv.)*	deswegen
properāre	eilen
proprius	eigen
prōvincia	Amtsbereich, *Provinz*
pudor, ōris, *m.*	Scham
repudiāre	zurückweisen

puer, pueri	Junge
puella	Mädchen
pueritia	Kindheit
pūgna	Kampf
pūgnāre	kämpfen
expūgnāre	erobern
oppūgnāre	angreifeṅ
pulcher, chra, chrum	schön
pulchritūdō, inis, *f.*	Schönheit
pūrus	rein
pūrgāre	reinigen
putāre	meinen, halten für
magnī putāre	hochschätzen
parvī putāre	geringschätzen
librōs ūtiles pūtant	
librī ūtilēs pūtantur	man hält Bücher für nützlich
disputāre	untersuchen, erörtern

Q

quaerere, quaerō, quaesīvī, quaesītum	zu erfahren suchen von (ex), fragen
vīam ex puerō quaerere	den Jungen nach dem Weg fragen
quaestor, ōris	Schatzmeister, *Quaestor*
inquīrere, inquirō, inquīsīvī, inquīsītum	untersuchen, nachforschen
-que *(enklitisch)*	und
senātus populusque Rōmānus	Senat und Volk von Rom
querī, queror, questus sum	klagen, sich beklagen
quiēs, quiētis, *f.*	
requiēs, -quiētis, *f.*	Ruhe
(re)quiēscere, quiescō, quiēvī	ruhen
quiētus	ruhig
tranquillus	ruhig
quis, quid	wer, was
quī, quae, quod	der, die das; welcher, welche, welches
quīcumque	wer auch immer
aliquis, aliquid	irgendeiner, irgendetwas
aliquī, aliqua(e), aliquod	irgendeiner, irgendeine, irgendein
quisquam, quicquam	irgendeiner, irgend etwas
neque quisquam	und niemand
neque quicquam	und nichts
quīdam	ein gewisser; *pl.* einige

quondam *(adv.)*	einst
quisque *(enklitisch)*	jeder
sibī quisque cōnsulit	jeder sorgt für sich
suum cuīque!	jedem das Seine!
quīntō quōque annō	alle vier Jahre
optimus quisque	gerade die Besten
quīn (quī-ne?)	1. warum nicht? *(Aufforderung)*
	2. daß; daß nicht
quīn tacētis?	warum schweigt ihr nicht?
	so schweigt doch!
nōn dubitō, quīn	ich zweifle nicht, daß;
fierī nōn potest, quīn	(es kann nicht geschehen, daß nicht),
	ganz sicher, ganz bestimmt
quīn etiam	ja sogar
quia	weil
quidem *(adv.)*	wenigstens, zwar
equidem *(adv.)*	allerdings, ich für meinen Teil
quō	wodurch, wohin
quō eam?	wohin soll ich gehen?
quō — eō	je — desto
quō celerius — eō melius	je schneller — desto besser
quoad	solange als, so lange bis
quoniam	da ja
quoque	auch
quā	wie, wo
quārē	wodurch; deshalb
quam	wie, wie sehr, als
quam prīmum	möglichst bald
quamquam	obgleich; jedoch
quamvīs	obgleich
quamobrem	weshalb; deshalb
quod	weil; daß; wenn
quodsī	wenn nun, wenn aber
quālis, e	wie beschaffen
quantī	wie teuer
quantī domus est?	wie teuer ist das Haus?
quantus	wie groß
aliquantus	ziemlich groß
quandō	wann
aliquandō	irgendwann, einst
quot	wie viele
aliquot	einige
quotiēns	wie oft
aliquotiēns	einige Male

radius	Strahl
rapere, rapiō, rapuī, raptum	
raptāre	*(raffen)*, rauben
dīripere	plündern
ēripere	entreißen
rārus	selten
rārō *(adv.)*	selten
recēns, entis	neu, jung
regere, regō, rēxī, rēctum	richten, lenken
rēctus	richtig, gerade
regiō, ōnis, f.	Richtung, Gegend
rēx, rēgis	König
rēgīna	Königin
rēgius	königlich
rēgnum	Königreich, Herrschaft
rēgnāre	herrschen
corrigere	verbessern
dīrigere	lenken, einrichten
pergere	fortfahren, weiterziehen
surgere	aufstehen, sich erheben
repēns, entis	
repente *(adv.)*	plötzlich
repentīnus	
rērī, reor, ratus sum	meinen, glauben
ratiō, ōnis, f.	Berechnung; Vernunft; Art und Weise
ratiōnem habēre	Rücksicht nehmen auf
ratiōnem reddere	Rechenschaft ablegen
rēs, reī, f.	Sache, Ding
rēs adversae	Unglück
rēs secundae	Glück
rēs gestae	Taten
rēs pūblica	Staat
rēs prīvāta	Privatbesitz
reus	*(in eine Sache verwickelt)*, angeklagt, schuldig
ridēre, rideō, rīsī, rīsum	lachen, auslachen
irridēre	auslachen, verspotten
rīpa	Ufer
rogāre	bitten, fragen
sententiam rogāre	nach seiner Meinung fragen
interrogāre	fragen
ruere, ruō, ruī, rutum	stürzen, eilen *(intr.)*
	niederwerfen *(tr.)*

49

ruīna	Einsturz, Untergang; *pl.* Trümmer
rūmor, ōris, *m.*	Gerede, Gerücht
rumpere, rumpō, rūpī, ruptum	brechen, zerbrechen *(tr.)*
corrumpere	verderben, bestechen
rūs, rūris, *n.*	Land, Landgut
rurī	auf dem Lande
rure	vom Lande
rūs	aufs Land
rūsticus	ländlich; *subst.* Bauer

S

sacer, cra, crum	heilig
sacrum	Heiligtum; Opfer
obsecrāre	beschwören
sacerdōs, ōtis	Priester
sacrificāre	opfern
sacrificium	Opfer
sancīre, sanciō, sānxī, sānctum	festsetzen, anordnen
lēgibus sancīre	gesetzlich bestimmen
sānctus	heilig
saeculum	Jahrhundert, Zeitalter
saepe *(adv.)*	oft
sagitta	Pfeil
salīre, saliō, saluī	springen
salūs, ūtis, *f.*	Heil, Rettung
salūtāre	grüßen
salvus	gesund
salvē (salvēte)!	sei (seid) gegrüßt!
sanguis, inis, *m.*	Blut
sānus	gesund, vernünftig
sānē *(adv.)*	durchaus, allerdings
sānāre	heilen
sapiēns, entis	weise
sapientior Sōcrate	weiser als Sokrates
sapientia	Weisheit
satis *(adv.)*	(satt), genug
satis pecūniae	genug Geld
satisfacere	genugtun, befriedigen
scandere, scandō, scandī, scānsum	steigen, besteigen
ascendere ⎫	ersteigen, besteigen
cōnscendere ⎬	
dēscendere ⎭	herabsteigen

trānscendere	hinübersteigen
scelus, eris, *n.*	Verbrechen
scelestus	verbrecherisch
schola	*Schule*
scīre	wissen
scientia	Wissen
nescīre	nicht wissen
nesciō, an	‹ich weiß nicht, ob›; vielleicht
nescius	
īnscius	unwissend
me { nesciō / īnsciō }	ohne mein Wissen
cōnscius	bewußt, vertraut; *subst.* Mitwisser
mihī cōnscius sum	ich bin mir bewußt
scrībere, scrībō, scrīpsī, scrīptum	*schreiben*
scrīptor, ōris	Schriftsteller
scrīptor rērum	Geschichtsschreiber
cōnscrībere	verfassen; anwerben, ausheben
dēscribere	beschreiben
prōscribere	ächten
scūtum	‹Deckung›, Schild
obscūrus	versteckt, dunkel
secāre, secō, secuī, sectum	schneiden, abschneiden
secūris, is, *f.*	Beil
sed	aber
sedēre, sedeō, sēdī, sessum	*sitzen*
sīdere, sīdō, sēdī, sessum	
cōnsīdere, -sīdō, -sēdī, -sessum	sich setzen, niederlassen
obsidēre	besetzt halten, belagern
obsidēre	in Besitz nehmen, besetzen
possidēre	besitzen
possidēre	in Besitz nehmen, besetzen
īnsidiae, ārum	Hinterhalt, Falle, List
obses, idis	(als Bürge dasitzend), Geisel
praesidium	Besatzung, Schutz
subsidium	Hilfe, Reservetruppe
semel *(adv.)*	einmal
semper *(adv.)*	(in einem fort), immer
simplex, icis	einfach
singulī, ōrum	einzelne; je einer
singulāris, e	einzigartig
similis, e	ähnlich
dissimilis, e	unähnlich
similitūdō, inis, *f.*	Ähnlichkeit
simul *(adv.)*	zugleich

simulac simulatque }	sobald als
simulāre	heucheln
simulācrum	Abbild, Bild
senex, senis	alt; *subst.* alter Mann
senectūs, ūtis, f.	Alter
senātus, ūs, m.	Rat der Alten, *Senat*
senātor, ōris	*Senator*
sentīre, sentiō, sēnsī, sēnsum	fühlen, meinen
sēnsus, ūs, m.	Gefühl, Sinn
sententia	Meinung, Urteil
cōnsentīre	übereinstimmen
cōnsēnsus, ūs, m.	Übereinstimmung
dissentīre	nicht übereinstimmen
dissēnsiō, ōnis, f.	Meinungsverschiedenheit
sepelīre, sepeliō, sepelīvī, sepultum	begraben
sepulcrum	Grab
sequī, sequor, secūtus sum	begleiten, folgen
vestīgia sequī	den Spuren folgen
secundus	der folgende, zweite; günstig
secundum *b. Akk.*	entlang, gemäß
socius	Kamerad, Bundesgenosse
societās, ātis, f.	Gemeinschaft, Bündnis
assequī cōnsequī īnsequī persequī }	erreichen, erlangen verfolgen
prōsequī	geleiten
subsequī	unmittelbar folgen
serere, serō, seruī, sertum	reihen, knüpfen
sermō, ōnis, m.	Gespräch
dēserere	verlassen, im Stich lassen
disserere	erörtern
praesertim *(adv.)*	besonders
serere, serō, sēvī, satum	*säen, pflanzen*
sēmen, inis, n.	*Same*
sĕrus sērō *(adv.)* }	spät, zu spät
servāre cōnservāre reservāre }	bewahren, schützen, retten
observāre	beobachten, beachten
servus	Sklave
servīre	dienen
servitūs, ūtis, f.	Sklaverei

sevērus	streng
sevēritās, ātis, f.	Strenge
sī	wenn; ob
cōnārī, sī	versuchen, ob
nisī	wenn nicht, außer
nōn — nisī	⟨nicht — außer⟩; nur
nōn venit nisī iussus	er kommt nur auf Befehl
sīn (autem)	wenn aber
sīve	oder wenn; oder
sīve — sīve	sei es (daß) — oder (daß)
etiamsī	
etsī	auch wenn, wenn auch, obgleich
tametsī	
quasī	wie wenn, gleichsam
quodsī	wenn nun; wenn aber
sīc	so
sīdus, eris, n.	Gestirn
cōnsīderāre	betrachten, überlegen
dēsīderāre	verlangen, wünschen
sīgnum	Zeichen, Feldzeichen
īnsīgnis, e	ausgezeichnet
sīgnificāre	bezeichnen
silēre, sileō, siluī	schweigen
silentium	Schweigen
silentiō (adv.)	stillschweigend
silva	Wald
sine b. Abl.	ohne
sinere, sinō, sīvī, situm	lassen, zulassen
dēsinere	ablassen, aufhören
situs, a, um	gelegen
situs, ūs, m.	Lage
sinister, tra, trum	links
sinus, ūs, m.	Busen, Krümmung, Bucht
sitis, is, f.	Durst
sōl, sōlis, m.	Sonne
solēre, soleō, solitus sum	gewohnt sein, pflegen
solitus	gewohnt, üblich
sollemnis, e	feierlich
sōlus, īus, ī	allein
sōlum	allein, nur
nōn sōlum — sed etiam	nicht nur — sondern auch
solvere, solvō, solvī, solūtum	lösen, bezahlen
navēs solvere	(die Anker lichten), abfahren
poenās solvere	(Strafe zahlen), bestraft werden, büßen

absolvere	loslösen, freisprechen
somnus	Schlaf
somnium	Traum
sonāre, sonō, sonuī	tönen, ertönen
sonus	Ton
soror, ōris	*Schwester*
sors, sortis, *f.*	Los, Schicksal
sortīrī	erlosen, erlangen
spargere, spargō, sparsī, sparsum	ausstreuen, ausbreiten
spatium	Raum, Zeitraum
speciēs, ēī, *f.*	Aussehen, Gestalt
in speciem ad speciem	dem Schein nach, scheinbar
spectāre	betrachten
id spectāre	darauf ausgehen
spectāculum	Schauspiel
exspectāre	erwarten
aspicere, aspiciō, aspēxī, aspectum	anblicken
aspectus, ūs, *m.*	Anblick
cōnspicere	erblicken
cōnspectus, ūs, *m.*	Anblick
dēspicere	(herabsehen), verachten
īnspicere	(hineinblicken), besichtigen
perspicere	durchschauen
prōspicere *b. Akk.*	vorhersehen
b. Dativ	sorgen für
futūra prōspicere	die Zukunft voraussehen
futūrīs prōspicere	für die Zukunft sorgen
respicere	zurückblicken, beachten
suspicere suspicārī	argwöhnen, vermuten
suspiciō, ōnis, *f.*	Vermutung, Verdacht
spernere, spernō, sprēvī, sprētum	verschmähen, verachten
spēs, speī, *f.*	Hoffnung
spērāre	hoffen, erhoffen
dēspērāre (dē)	verzweifeln (an)
spīrāre	atmen
spīritus, ūs, *m.*	⟨Atem⟩; Geist
splendēre, splendeō, splenduī	glänzen
splendidus	glänzend
spolia, ōrum, *n.*	erbeutete Rüstung, Beute
spoliāre	berauben
spondēre, spondeō, spopondī, spōnsum	geloben
respondēre	antworten
respōnsum	Antwort

54

stāre, stō, stetī, statum	stehen
ā Rōmānīs stāre	auf seiten der Römer stehen
statim *(adv.)*	⟨auf der Stelle⟩, sogleich
status, ūs, *m.*	Zustand, Lage
statua	Standbild
statiō, ōnis, *f.*	*(Standort)*, Wache, Posten
cōnstāre	feststehen, bestehen aus, *kosten*
magnō cōnstāre	viel kosten
parvō cōnstāre	wenig kosten
cōnstat	es steht fest; es ist gewiß
cōnstāns, antis	standhaft, beständig
cōnstantia	Standhaftigkeit, Beständigkeit
exstāre	vorhanden sein
īnstāre	eindringen auf; bevorstehen
praestāre	voranstehen, übertreffen; leisten, zeigen
officium praestāre	seine Pflicht erfüllen
fidem praestāre	sein Versprechen halten
praestat	es ist besser
sē praestāre	sich zeigen, sich bewähren
sē fīdum praestare	sich treu erweisen
restāre	übrig sein
statuere, statuō, statuī, statūtum	
cōnstituere	aufstellen, festsetzen, beschließen
īnstituere	einrichten, beginnen, unterrichten
institūtum	Einrichtung
restituere	wiederherstellen
sistere, sistō, stetī	anhalten, sich stellen
cōnsistere, -sistō, -stitī	sich aufstellen, haltmachen
dēsistere	ablassen, aufhören
cōnātū dēsistere	von dem Versuch ablassen; nicht weiter versuchen
exsistere	hervortreten, entstehen
victor exsistere	als Sieger hervorgehen
īnsistere	hintreten, nachsetzen
resistere	sich widersetzen
sternere, sternō, strāvī, strātum	ausbreiten, hinstrecken
stimulus	Stachel, Ansporn
distinguere, -stinguō, -stīnxī, -stīnctum	unterscheiden, schmücken
exstinguere	auslöschen, vernichten
stringere, stringō, strīnxī, strictum	abstreifen, zücken
gladium stringere	das Schwert zücken
struere, struō, strūxī, strūctum	schichten, errichten
cōnstruere	aufbauen, errichten
īnstruere	einrichten, unterrichten
aciem īnstruere	ein Heer zum Kampf aufstellen

īnstrūmentum	Werkzeug, Gerät, *Instrument*
industria	Fleiß, Betriebsamkeit
studēre, studeō, studuī	sich eifrig widmen, beschäftigen mit
litterīs studēre	sich eifrig den Wissenschaften widmen
rēbus novīs studēre	auf Umsturz sinnen
id studēre	danach streben
studium	Eifer, Streben, *Studium*
studium pecūniae	Streben nach Geld; Geldgier
stultus	dumm
stultitia	Dummheit
suāvis, e	*süß*, angenehm
suādēre, suādeō, suāsī, suāsum	*(süß machen)*, raten
persuādēre	*(mit Erfolg raten);* überreden, überzeugen
mihī persuāsī	ich bin überzeugt
mihī persuāsum est	
persuadeō tibī, ut maneās	ich überrede dich, zu bleiben
persuadeō tibī nōs fīdos esse	ich überzeuge dich, daß wir treu sind.
sub *b. Akk. oder Abl.*	unter, unterhalb
sub monte morārī	am Fuß des Berges verweilen
sub montem prōgredī	an den Fuß des Berges vorrücken
as-**suēscere**, -suēscō, -suēvī, -suētum	sich gewöhnen
cōnsuēscere, -suēscō, -suēvī, -suētum	
consuēvisse	gewohnt sein, pflegen
consuētūdō, inis, *f.*	Gewohnheit
cōn-**sulere**, -sulō, -suluī, -sultum	*b. Akk.* um Rat fragen, beschließen
	b. Dativ sorgen für
vōs cōnsulere	euch um Rat fragen
vōbīs cōnsulere	für euch sorgen
cōnsultum	Beschluß
cōnsul, is	*Konsul*
procōnsul, is	Statthalter, *Prokonsul*
cōnsulāris, e	konsularisch; *subst.* gewesener Konsul
cōnsulātus, ūs, *m.*	*Konsulat*
cōnsilium	Ratsversammlung; Plan, Absicht
eō cōnsiliō, ut	in der Absicht, daß
super *b. Akk.*	oberhalb von, über
suprā *b. Akk.*	
super *(adv.)*	oben, darüber
supra *(adv.)*	
superus	der obere; *pl.* Götter
superior, ius	*(weiter oben befindlich);* höher, mächtiger
suprēmus	der oberste, höchste
summus	der oberste, höchste
in summō monte	auf dem Gipfel des Berges
summā vōce	mit lauter Stimme
summa	Hauptsache, Gesamtheit, *Summe*

superāre	überlegen sein, besiegen
superbus	hochmütig, stolz
superbia	Hochmut, Stolz
supplicium	Bitte; Todesstrafe, Hinrichtung

T

tabula	Bild, *Tafel*
tacēre, taceō, tacuī, tacitum	schweigen, verschweigen
tam *(adv.)*	so
tamquam	so wie; gleich als ob
tamen	dennoch
tandem *(adv.)*	endlich
tālis — quālis	so beschaffen — wie
tālis est, quālis dīcitur	er ist so (beschaffen), wie man sagt
tot — quot	so viele — wie
tot vēnērunt, quot rogāveram	so viele kamen, wie ich gebeten hatte
totiēns — quotiēns	so oft — wie
totiēns veniam, quotiēns cupiēs	ich komme so oft, wie du wünschst
tantus — quantus	so groß, soviel — wie
eī tantum temporis est quantum mihī	er hat soviel Zeit wie ich
tantī — quantī	so teuer — wie
tantī eum aestimō quantī tū	ich schätze ihn so hoch wie du
tantum *(adv.)*	nur
tangere, tangō, tetigī, tāctum attingere, attingō, áttigī, attāctum }	berühren
contingere, contingit, cóntigit	zuteil werden, gelingen *(unpers.)*
integer, gra, grum	unberührt, rein
tardus	langsam
taurus	Stier
tegere, tegō, tēxī, tēctum	*decken*, bedecken
tēctum	Dach
toga	Obergewand, *Toga*
tēlum	Geschoß
con-**temnere**, -temnō, -tempsī, -temptum	verachten
templum	*Tempel*
extemplō *(adv.)*	sofort
temptāre	versuchen
tempus, oris, *n.*	Zeitpunkt, Zeit
ad tempus	im rechten Augenblick
tempestās, ātis, *f.*	Zeit; Sturm, Unwetter
temperāre	⟨Schonung gewähren⟩, schonen; Maß halten
sibī temperāre	sich beherrschen
templīs temperāre	die Tempel schonen

temperantia	Mäßigung, Schonung
obtemperāre	gehorchen
tendere, tendō, tetendī, tentum	spannen, ausstrecken
contendere, -tendō, -tendī, -tentum	sich anstrengen; eilen; kämpfen
intendere	anspannen, streben nach
ostendere ⎫	
ostentāre ⎭	entgegenstrecken, zeigen
tenēre, teneō, tenuī, tentum	halten
castrīs tenēre	*im* Lager halten
abstinēre	sich enthalten
proeliō abstinēre	dem Kampf fernbleiben
continēre	zusammenhalten, umschließen
sē continēre	sich mäßigen
contentus	zufrieden
sorte contentus	*mit* seinem Los zufrieden
continēns, entis	zusammenhängend, *subst.* Festland
continuus	zusammenhängend, *kontinuierlich*
obtinēre	innehaben, behaupten
pertinēre (ad)	sich erstrecken, sich beziehen (auf)
retinēre	zurückhalten, behalten
sustinēre	aushalten, aufrechthalten
terere, terō, trīvī, trītum	abnutzen, vergeuden
dētrīmentum	Nachteil, Schaden
tergum	Rücken
terminus	Grenze, Ziel
terra	Erde, Land
terrēre, terreō, terruī, territum	erschrecken *(tr.)*
terror, ōris, *m.*	Schrecken
terribilis, e	schrecklich
dēterrēre	abschrecken
perterrēre	sehr erschrecken *(tr.)*
testis, is	Zeuge
testimōnium	Zeugnis, Beweis
testimōniō esse	als Beweis dienen
theātrum	*Theater*
timēre, timeō, timuī *b. Akk.*	fürchten, sich fürchten vor
b. Dativ	fürchten für, besorgt sein um
timēre hostēs	die Feinde fürchten
timēre libertātī	um die Freiheit besorgt sein
timeō, nē veniat	ich fürchte, daß er kommt
timeō, ut veniat	ich fürchte, daß er nicht kommt
timor, ōris, *m.*	Furcht
	die Furcht der Feinde
timor hostium ⎰	die Furcht vor den Feinden
timidus	furchtsam

tollere, tollō, sustulī, sublātum	aufheben; beseitigen
clāmōrem tollere	ein Geschrei erheben
ē mediō tollere	aus dem Wege räumen
tolerāre	ertragen
tōtus, īus, ī	ganz
trahere, trahō, trāxī, tractum	ziehen, schleppen
tractāre	behandeln, betreiben
trāns b. Akk.	über — hin, jenseits
tremere, tremō, tremuī	zittern, beben
trēs, tria	*drei*
ter	dreimal
tribuere, tribuō, tribuī, tribūtum	zuteilen
superbiae tribuere	als Hochmut auslegen
vitiō tribuere	als Fehler anrechnen
tribūtum	Abgabe, *Tribut*
tribus, ūs, f.	Bezirk, *Tribus*
tribūnus	*Tribun*
tribūnus mīlitum	Kriegstribun
tribūnus plēbis	Volkstribun
attribuere	zuerteilen, beimessen
distribuere	verteilen
trīstis, e	traurig
trīstitia	Trauer
triumphus	*Triumph*
triumphāre	*triumphieren*
tuērī, tueor, (tutātus sum)	schützen, beschützen
tūtus (ab)	sicher (vor)
tūtō *(adv.)*	sicher
tūtēla	Schutz, Obhut
intuērī	betrachten
tum	dann, damals
tum, cum	damals, als
cum — tum	⟨sowohl — als auch besonders⟩;
	. . . und besonders
cum Cicerō — tum Catō	Cicero und besonders Cato
tumultus, ūs, *m.*	Lärm, Aufstand, *Tumult*
tunica	Unterkleid, *Tunika*
turba	Schar, Menge, Getümmel
turbāre	verwirren
perturbāre	sehr verwirren
turpis, e	häßlich, schändlich
turris, is, *f.*	*Turm*
tyrannus	Alleinherrscher, Gewaltherrscher, *Tyrann*

ubi	wo
ubi (prīmum)	sobald
ubīque *(adv.)*	überall
ulcīscī, ulcīscor, ultus sum	⟨*bestrafen*⟩, rächen, sich rächen an
hostēs ulcīscī	sich an den Feinden rächen
iniūriam ulcīscī	sich für das Unrecht rächen
umbra	Schatten
umquam *(adv.)*	jemals
numquam *(adv.)*	niemals
nōnnumquam *(adv.)*	manchmal
unda	Welle
unde *(adv.)*	woher
undique *(adv.)*	von allen Seiten
ūnus, īus, ī	*ein;* einzig
ūnā (cum)	zugleich, zusammen (mit)
ūllus, īus, ī	irgendein
sine ūllā spē	ohne irgendeine Hoffnung
nūllus, īus, ī	kein
nōnnūllī	einige
ūniversus	ganz
ūniversum	Weltall
urbs, urbis, f.	Stadt
urbānus	städtisch, gebildet
ūrere, ūrō, ussī, ustum	verbrennen *(tr.)*, einäschern
urgēre, urgeō, ursī	drängen, bedrängen
ūsquam *(adv.)*	irgendwo
nūsquam *(adv.)*	nirgends
ūsque	in einem fort; bis zu
ūsque eō	bis zu dem Punkt
ūsque ad castra	bis zum Lager
ut b. Ind.	wie
b. Konj.	daß, damit, so daß; wenn auch
ut (prīmum)	sobald
utinam (nē)	wenn doch (nicht)!
sīcut(ī)	so wie; wie wenn
velut(ī)	wie; wie zum Beispiel
uter, utra, utrum	wer von beiden
uterque	jeder (von beiden)
uterque cōnsul cecidit	beide Konsuln sind gefallen
utrum — an	ob — oder
nesciō, utrum vērum sit an falsum	ich weiß nicht, ob es wahr ist oder falsch
utrimque *(adv.)*	auf beiden Seiten
neuter, tra, trum	keiner (von beiden)

ūtī, ūtor, ūsus sum	⟨*Gebrauch machen von*⟩; gebrauchen
auctōritāte ūtī	Ansehen genießen
imperiō ūtī	Macht ausüben
familiāriter ūtī	befreundet sein
ūsus, ūs, *m.*	Gebrauch, Nutzen
ūsuī esse	von Nutzen sein
ūtilis, e	nützlich
ūtilitās, ātis, *f.*	Nutzen
abūtī	⟨*Mißbrauch treiben mit*⟩, mißbrauchen
lībertāte abūtī	die Freiheit mißbrauchen
uxor, ōris	Gattin

V

vacāre	leer sein, frei sein
officiīs vacāre	keine Pflichten haben
vacuus	leer, frei
vānus	leer, nichtig, erfolglos
vādere, vādō, vāsī, vāsum	gehen
vadum	⟨*Untiefe*⟩, seichte Stelle
ēvādere	hinausgehen, entkommen
invādere	eindringen, angreifen
valēre, valeō, valuī	gesund sein, vermögen
valē(te)!	lebe (lebt) wohl!
validus	gesund, kräftig
valētūdō, inis, *f.*	Befinden; Gesundheit, Krankheit
valdē *(adv.)*	sehr
vallis, is, *f.*	Tal
vallum	*Wall*
intervallum	Zwischenraum, *Intervall*
varius	verschieden, mannigfaltig
varietās, ātis, *f.*	Verschiedenheit, Mannigfaltigkeit
vās, vāsis, *n.*	Gefäß
vāstus	*wüst*, öde; ungeheuer
vāstāre	verwüsten
vātēs, is	Seher; Dichter
-ve *(enklitisch)*	oder
plūs minusve	mehr oder weniger
vehere, vehō, vēxī, vectum	bringen, fahren *(tr.)*; *pass.* fahren *(intr.)*
equō vehī	reiten
vehemēns, entis	*(losfahrend)*, heftig
vectīgal, ālis, *n.*	*(Wegegeld)*, Zoll, Steuer
invehere	hineinbringen; *pass.* eindringen, angreifen

velle, volō, voluī	*wollen*
vel	oder; *steigernd:* sogar
vel populus	sogar das Volk
vel — vel	entweder — oder
voluntās, ātis, *f.*	Wille, Wunsch
voluptās, ātis, *f.*	Lust, Vergnügen
benevolentia	Wohlwollen
invītus	unfreiwillig, ungern
mē invītō	gegen meinen Willen
nōlle, nōlō, nōluī	nicht wollen
nōlī mē tangere!	
nē mē tetigeris!	rühr mich nicht an!
mālle, mālō, māluī	lieber wollen
vēlōx, ōcis	schnell
vēlum	Segel, Tuch
vēlāre	verhüllen
venerārī	*(lieben);* verehren
venēnum	*(Liebestrank);* Gift
venia	*(Gunst);* Verzeihung
vēnīre, vēneō, veniī	*(zum Verkauf kommen),* verkauft werden
vēndere, vēndō, vēndidī, vēnditum	*(zum Verkauf geben),* verkaufen

magnō	{	vēndere	teuer	{	verkaufen
		vēnīre			verkauft werden
parvō	{	vēndere	billig	{	verkaufen
		vēnīre			verkauft werden

venīre, veniō, vēnī, ventum	kommen
auxiliō venīre	zu Hilfe kommen
advenīre	ankommen
in forum advenīre	auf *dem* Markt ankommen
adventus, ūs, *m.*	Ankunft
convenīre	zusammenkommen, treffen
amīcōs convenīre	die Freunde treffen
convenit	es kommt zustande, wird vereinbart
conventus, ūs, *m.*	Zusammenkunft; Gerichtstag
cōntiō, ōnis, *f.*	Versammlung; Rede
circumvenīre	umzingeln
ēvenīre	vorkommen, sich ereignen
ēventus, ūs, *m.*	Ausgang, Erfolg
invenīre	finden, erfinden
pervenīre	hinkommen, gelangen
subvenīre	zu Hilfe kommen
venter, tris, *m.*	Bauch, Leib
ventus	*Wind*
vēr, vēris, *n.*	Frühling
ineunte vēre	
prīmō vēre	bei Frühlingsanfang

verberāre	schlagen, prügeln
verbum	*Wort*
verbum timōris	das Wort *Furcht*
verbum timendī	das Wort *fürchten*
verērī, vereor, veritus sum	fürchten, besorgt sein um; achten
hostēs verērī	die Feinde fürchten
libertātī verērī	um die Freiheit besorgt sein
parentēs verērī	die Eltern achten
vereor, nē veniat	ich fürchte, daß er kommt
vereor, ut veniat	ich fürchte, daß er nicht kommt
vertere, vertō, vertī, versum	wenden, drehen
terga vertere	sich zur Flucht wenden
vitiō vertere	als Fehler anrechnen
versus, ūs, *m.*	Reihe, *Vers*
vertex, icis, *m.*	Gipfel, Spitze
versārī	sich aufhalten
rūrsus *(adv.)*	wiederum
adversus b. Akk.	gegenüber, gegen
adversus, a, um	gegenüberliegend; feindlich, ungünstig
mēns adversa	eine feindliche Gesinnung
pūgna adversa	ein unglücklicher Kampf
adversārius	Gegner, Feind
contrōversia	Streit
dīversus	verschieden
animadvertere	achtgeben, bemerken
in cīvēs animadvertere	gegen die Bürger vorgehen
convertere	umwenden, verändern
ēvertere	umstürzen, vernichten
revertī, revertor { revertī oder / reversus sum }	zurückkehren
vērus	*wahr*, wahrhaftig
vērō *(adv.)* / **vērum** *(adv.)* }	⟨*In Wahrheit*⟩; aber, doch
vēritās, ātis, *f.*	Wahrheit
vesper, erī, *m.*	Abend
vesperī *(adv.)*	abends
vestīgium	Spur
vestis, is, *f.*	Kleid
vestīre	bekleiden, bedecken
vetāre, vetō, vetuī, vetitum	⟨*hindern*⟩, verbieten
vetor venīre {	ich werde gehindert zu kommen / mir wird verboten zu kommen
pōns fierī vetitus est	man verbot, eine Brücke zu bauen
vetus, eris	alt
vexāre	quälen, heimsuchen

via	Weg
vīcus	Dorf
vicīnus	benachbart; *subst.* Nachbar
vīlla	Landhaus
vidēre, videō, vīdī, vīsum	sehen; *pass.* sich zeigen, scheinen
vidērēs	man hätte sehen können
mihī vidētur	es scheint mir gut
	ich beschließe
rēs laeta esse vidētur	die Sache scheint erfreulich zu sein
vīsitāre	besuchen
invidēre	⟨*neidisch zusehen*⟩, beneiden
probīs invident	
probīs invidētur	man beneidet die Tüchtigen
invidia	Neid, Haß
invīsus	verhaßt, feindlich
prōvidēre *b. Akk.*	vorhersehen
b. Dativ	sorgen für
futūra prōvidēre	die Zukunft voraussehen
futūrīs prōvidēre	für die Zukunft sorgen
prūdens, entis	klug
prūdentia	Klugheit
vigilia	Wache, Nachtwache
vigilāre	wachen
vincere, vincō, vīcī, victum	siegen, besiegen
proeliō vincere	*in* einer Schlacht siegen
victor, ōris	Sieger
victōria	Sieg
convincere	überführen
sceleris convincere	eines Verbrechens überführen
vincīre, vinciō, vīnxī, vīnctum	fesseln
vinculum	Fessel, Band
vindicāre	bestrafen
vīnum	*Wein*
vir, virī	Mann
virtūs, ūtis, *f.*	⟨*Mannhaftigkeit*⟩, Tapferkeit, Tüchtigkeit
virī est	es ist Pflicht (Aufgabe) eines Mannes
virtūtis est	es ist ein Zeichen von Tapferkeit
virgō, inis	Mädchen, junge Frau
vīs, vim, vī, *f.*	Kraft, Gewalt
vīrēs, ium	Kräfte, *oft:* Streitkräfte
violāre	verletzen, kränken
vītāre	meiden
invītāre	einladen
vitium	Fehler, Laster
vituperāre	tadeln

64

vīvere, vīvō, vīxī, vīctum	leben
vīctus, ūs, *m.*	Lebensweise, Nahrung
vīvus	lebend
mē vīvō	zu meinen Lebzeiten
vīta	Leben
vix *(adv.)*	kaum
volāre	fliegen
advolāre	herbeieilen
volvere, volvō, volvī, volūtum	*wälzen*, rollen
animō volvere	
sēcum volvere	überlegen, erwägen
vovēre, voveō, vōvī, vōtum	geloben, weihen
vōtum	Gelübde, Wunsch
vōx, vōcis, *f.*	Stimme, Wort
vocāre	rufen, nennen
in iūs vocāre	
in iūdicium vocāre	vor Gericht ziehen
in perīculum vocāre	in Gefahr bringen
in dubium vocāre	in Zweifel ziehen
vocābulum	Wort, Bezeichnung
vulgus, ī, *n.*	Volksmenge, Masse
vulgō *(adv.)*	allgemein
vulnus, eris, *n.*	Wunde
vulnerāre	verwunden
vultus, ūs, *m.*	Gesichtsausdruck, Miene

Wortbildungslehre

Die sichere Beherrschung eines Elementarwortschatzes ist unerläßliche Voraussetzung für die Lektüre. Allerdings muß nicht jede Vokabel mechanisch gelernt werden; die Bedeutungen vieler abgeleiteter oder zusammengesetzter Wörter lassen sich leicht erschließen, wenn man die Bedeutungen der Suffixe und Präfixe kennt oder die Bestandteile der Komposita erkennt.

Die folgende Übersicht beruht auf genauen Untersuchungen über die Häufigkeit von Wortbildungen, wie sie sich in den Texten des Lesebuches A *Orbis Romanus* finden. Es wird also nicht die große Zahl aller Suffixe und Präfixe aufgeführt, die sich ohnehin in vielen Wortkunden und Grammatiken zusammengestellt finden, sondern eine Auswahl getroffen, die sich auf die am meisten vorkommenden Erscheinungen beschränkt. Die Zahl der im folgenden angeführten Beispiele entspricht der Häufigkeit ihres Vorkommens.

Der einfachste Grundbestandteil eines Wortes ist die Wurzel (radix). Sie ist die allen Wörtern einer Wortfamilie gemeinsame Lautverbindung. Zur Wurzel iac (werfen) gehört z. B. folgende Wortfamilie:

iacere werfen, **iac**tāns prahlend, **iac**tantia Prahlerei, **iac**tāre werfen, **iac**tātiō Unruhe, **iac**tātor Prahler, **iac**tātus das Schütteln, **iac**tūra Verlust, **iac**tus Wurf, **iac**ulābilis zum Werfen geeignet, **iac**ulārī schleudern, **iac**ulātiō das Schleudern, **iac**ulātor Speerwerfer, **iac**ulātrix Speerwerferin, **iac**ulum Wurfspieß u. a. m.

Schon dieses Beispiel läßt erkennen, daß nicht alle Wörter unmittelbar von der Wurzel aus gebildet werden, sondern daß bei der Bildung sehr vieler Wörter von Wortstämmen ausgegangen wird, die durch Erweiterung der Wurzel entstanden sind.

I. Bildung von Wörtern durch Ableitung

Ableitungssilben (Suffixe) werden an Wortwurzeln oder Wortstämme angehängt

1. Suffixe der Substantive

Bezeichnung von Eigenschaften

-tās, ātis, f.

aequus:	aequi-**tās**	die Gerechtigkeit
alacer:	alacri-**tās**	die Munterkeit
asper:	asperi-**tās**	die Rauheit

Bestimme: brevitās, celeritās, crūdēlitās, cupiditās, difficultās, dignitās, diversitās, facilitās, fēlīcitās, honestās, immortālitās, infīrmitās, inīquitās, nōbilitās, paupertās, probitās, sevēritās, übertās, ūtilitās, vēlōcitās, vēritās, vetustās;

-tūdō, tūdinis, f.

altus:	alti-**tūdō**	die Höhe
amplus:	ampli-**tūdō**	die Weite
firmus:	firmi-**tūdō**	die Festigkeit

Bestimme: fortitūdō, lātitūdō, longitūdō, magnitūdō, multitūdō, pulchritūdō, similitūdō, sōlitūdō, turpitūdō, valētūdō;

-ia, ae, f.

audax:	audāc-**ia**	die Kühnheit
concors:	concord-**ia**	die Eintracht
cōnstāns:	cōnstant-**ia**	die Beharrlichkeit

Bestimme: dīligentia, discordia, ēloquentia, ferōcia, fīdūcia, ignāvia, ignōrantia, innocentia, modestia, neglegentia, patientia, perfidia, superbia;

-itia, ae, f.

avārus:	avār-**itia**	die Habsucht
dūrus:	dūr-**itia**	die Ausdauer
iustus:	iust-**itia**	die Gerechtigkeit

Bestimme: amīcitia, laetitia, maestitia, pudīcitia, trīstitia.

Bezeichnung von Tätigkeiten

-tus, ūs, m.

advenīre:	adven-**tus**	das Anrücken, die Ankunft
aspicere:	aspec-**tus**	das Hinsehen, der Anblick
cōnārī:	cōnā-**tus**	das Beginnen, der Versuch

Bestimme: dominātus, flētus, gemitus, incursus, interitus, memorātus, mōtus, receptus, reditus, rīsus, ūsus, volātus.

Der Wechsel zwischen -tus und -sus ergibt sich aus den verschiedenen Supinstämmen.

-tiō, ōnis, f.

agere:	ac-**tiō**	das Handeln, die Handlung
admīrārī:	admīrā-**tiō**	das Anstaunen, die Bewunderung
cōgitāre:	cōgitā-**tiō**	das Nachdenken, die Überlegung

Bestimme: commemorātiō, coniūrātiō, cunctātiō, dēditiō, dēfectiō, dēfensiō, disputātiō, exercitātiō, exspectātiō, mūnītiō, narrātiō, ōrātiō, populātiō, possessiō, satisfactiō.

Der Wechsel zwischen -tiō und -siō ergibt sich aus den verschiedenen Supinstämmen.

Bezeichnung von handelnden Personen

-tor, ōris, m.

adiuvāre:	adiū-**tor**	der Helfer
audīre:	audī-**tor**	der Hörer
currere:	cur-**sor**	der Läufer

Bestimme: gladiātor, interfector, lēctor, līberātor, ōrātor, prōditor, raptor, rēctor, scrīptor, spectātor.

Der Wechsel zwischen -tor und -sor ergibt sich aus den verschiedenen Supinstämmen.

Bezeichnung von Abstrakta

-ium, iī, n.

arbitrārī:	arbitr-**ium**	die Entscheidung
colloquī:	colloqu-**ium**	die Unterhaltung
dēsīderāre:	dēsīder-**ium**	die Sehnsucht

Bestimme: iūdicium, incendium, ingenium, initium, odium, servitium, silentium, studium.

Bezeichnung von Verkleinerungen (Deminutiva)

-lus, ī, m. (Nbf. -olus, -ulus, -ellus)

adulēscēns:	adulēscent-**ulus**	der ganz junge Mann
filius:	fīli-**olus**	das Söhnlein
liber:	lib-**ellus**	das Büchlein

Bestimme: nāvicula, parvulus, paululum, rēgulus.

2. Suffixe der Adjektive

Bezeichnung der Zugehörigkeit

-ius

cēnsor:	cēnsōr-**ius**	zum Zensor gehörig, zensorisch
imperātor:	imperātōr-**ius**	zum Feldherrn gehörig, feldherrlich
pater:	patr-**ius**	zum Vater gehörig, väterlich

Bestimme: frūmentārius, plēbēius, praetōrius, rēgius, senātōrius;

-īlis/-ālis

cīvis:	cīv-**īlis**	zum Bürger gehörig, bürgerlich
fātum:	fāt-**ālis**	zum Schicksal gehörig, schicksalhaft
hostis:	host-**īlis**	zum Feinde gehörig, feindlich

Bestimme: mortālis, nātūrālis, nāvālis, puerīlis, senīlis, servīlis, virīlis;

-āris

cōnsul-**āris**:	zum Konsul gehörig, konsularisch
famili-**āris**:	zur Familie gehörig, vertraut
vulg-**āris**:	zum Volk gehörig, gewöhnlich

Bestimme: mīlitāris, populāris, salūtāris, singulāris.

Bezeichnung der Möglichkeit

-ilis/-bilis

admīrārī:	admīrā-**bilis**	bewundernswert
amāre:	amā-**bilis**	liebenswert
facere:	fac-**ilis**	ausführbar, leicht

Bestimme: crēdibilis, horribilis, memorābilis, mōbilis, numerābilis, terribilis, ūtilis.

Bezeichnung der Fülle

-ōsus

ambitiō:	ambiti-**ōsus**	ehrsüchtig
bellum:	bellic-**ōsus**	kriegerisch
cōpia:	cōpi-**ōsus**	reichlich

Bestimme: glōriōsus, labōriōsus, luxuriōsus, perīculōsus, pretiōsus, studiōsus, ventōsus, umbrōsus.

Bezeichnung des Stoffes

-eus

argentum:	argent-eus	silbern
aurum:	aur-eus	golden
ferrum:	ferr-eus	eisern

Bestimme: marmoreus, purpureus, sanguineus.

3. Suffixe der Verben

Bezeichnung des Tuns und Handelns (verba factitīva)

-āre/-ārī

aedificium:	aedific-āre	erbauen
arma:	arm-āre	bewaffnen
glōria:	glōri-ārī	sich rühmen

Bestimme: bellāre, cēnāre, commūnicāre, cūrāre, dēsīderāre, dōnāre, fugāre, firmāre, levāre, ministrāre, nōmināre, nūdāre, onerāre, pūgnāre, rēgnāre, renovāre, sacrificāre, tardāre, triumphāre, vulnerāre; comitārī, laetārī, minārī, morārī, opīnārī, philosophārī, precārī, proeliārī;

re/-īrī

custos:	custōd-īre	bewachen
fīnis:	fīn-īre	beendigen
mollis:	moll-īre	mildern

Bestimme: mūnīre, pūnīre, saevīre, servīre, vestīre; largīrī, mentīrī, partīrī, sortīrī.

Bezeichnung der Wiederholung oder Verstärkung (verba frequentatīva/intensīva)

-tāre

capere:	cap-tāre	zugreifen
clāmāre:	clāmī-tāre	(wiederholt) rufen, (laut) schreien
cōnsulere:	cōnsul-tāre	(sorgfältig) beratschlagen

Bestimme: agitāre, exercitāre, imperitāre, occultāre, ostentāre, raptāre, saltāre, spectāre.

Bezeichnung des Beginns (verba incohatīva)

-scere

ārdēre:	ārdē-scere	anfangen zu brennen, in Brand geraten
senex:	senē-scere	alt werden, altern
valēre:	(con)valē-scere	gesund werden, genesen

Bestimme: assuēscere, crēscere, concupīscere, horrēscere, nōscere, quiēscere.

II. Bildung von Wörtern durch Zusammensetzung

Vorsilben (Präfixe) werden Grundwörtern vorgesetzt.

Neben den Zusammensetzungen von Nomen und Verbum (ponti-fex), Nomen und Nomen (*miseri-cordia*), Verbum und Verbum (*pate-facere*) stehen als größte Gruppe die mit einer Präposition oder Partikel als Bestimmungswort zusammengesetzten Verben. Vor ein Verbum (Grundwort) tritt als Bestimmungswort eine Präposition oder Partikel zur Bestimmung des zusammengesetzten Wortes.

Übersicht über die wichtigsten Bestimmungsvorsilben und ihre Bedeutung

Bestimmungs- vorsilben	Beispiele			
ā, ab, abs: von, weg, fort	**ā**movēre	wegschaffen	**ā**vertere	abwenden
	abdūcere	wegführen	**abs**olvere	losmachen
	abscēdere	weggehen	**abs**cīdere	abschneiden
ad: zu, bei, an	**ad**īre	herangehen	**ad**movēre	heranbewegen
Bestimme:	**ad**hortārī	**ad**monēre	**as**surgere	**ad**vehere
	advenīre	**ad**vocāre	**af**flīgere	**al**loquī
	apparāre	**at**trahere	**at**tribuere	**at**tendere
	aditus	der Zugang	**ad**vena	der Ankömmling
ante: vor, voran, voraus	**ante**cēdere	vorangehen	**ante**pōnere	vorziehen
circum: um, um . . . herum	**circum**agere	herumtreiben	**circum**dare	umgeben
Bestimme:	**circum**dūcere	**circum**fundere	**circum**īre	**circum**sistere
	circumspectāre	**circum**stāre	**circum**vehī	**circum**venīre
com, con, co mit, zusammen	**com**pōnere	zusammenstellen	**com**portāre	zusammentragen
	convenīre	zusammenkommen	**co**īre	zusammentreten
Bestimme:	**co**emere	**co**orīrī	**cō**gere	**col**lābī
	colligere	**com**meāre	**com**edere	**com**primere
	concurrere	**cōn**fluere	**con**gredī	**con**icere
	cōnsīdere	**cōn**sistere	**con**tendere	**con**tinēre
	contrahere	**con**vehere	**con**volvere	**con**vocāre
	concordia	die Eintracht	**con**cursus	der Zusammenlauf
verstärkend:	**co**arguere	deutlich nachweisen	**com**movēre	sehr erregen
	cōnfīdere	ganz vertrauen	**cōn**sīderāre	sorgfältig betrachten
	cōnstantia	die Standhaftigkeit	**cōn**fīdentia	das Selbstvertrauen

Bestimmungs-vorsilben	Beispiele			

Bestimmungs-vorsilben	Beispiele			
dē: von ... herab	**dē**crēscere	abnehmen	**dē**currere	herablaufen
	dēdūcere	herabführen	**dē**icere	herabwerfen
Bestimme:	dēlābī	dēmittere	dēnuntiāre	dēpellere
	dēpōnere	dēportāre	dēposcere	dēprehendere
	dēprimere	dēscendere	dēterrēre	dētegere
	dētrahere	dēvehere	dēvenīre	dēvolvere
verstärkend:	dēfatīgāre	völlig ermüden	dēvincere	völlig besiegen
dis: fort, un-, auseinander	**diff**ugere	auseinanderfliehen	**dī**lābī	auseinanderfallen
	dīmittere	fortschicken	**disc**ēdere	fortgehen
Bestimme:	dīdūcere	dīligere	dīripere	dīruere
	disicere	dissolvere	distribuere	dīvidere
	discors	uneins	dispār	ungleich
ē, ex: aus ... heraus	**ē**bibere	austrinken	**ē**dūcere	herausführen
	ēicere	herauswerfen	**ex**cēdere	herausgehen
Bestimme:	ēlābī	ēligere	ēmittere	effundere
	ēvolāre	exclūdere	excrēscere	exīre
	exornāre	expellere	exprimere	exsistere
verstärkend:	ēdocēre	gründlich belehren	ēdisserere	gründlich besprechen
in: in ... hinein	**im**migrāre	einwandern	**im**mittere	hineinschicken
	incēdere	einherschreiten	**incl**ūdere	einschließen
Bestimme:	impellere	implēre	impōnere	importāre
	incurrere	indīcere	indūcere	ingerere
	ingredī	inicere	īnscrībere	īnsequī
	īnsistere	īnstāre	īnstruere	irrumpere
un- (Vernei-nungssilbe)	**im**mātūrus	unreif	**im**mortālis	unsterblich
	impiger	unermüdlich	**im**perītus	unerfahren
Bestimme:	imprūdens	impius	improbus	impār
	incrēdibilis	indīgnus	incertus	incommodus
	īnfēlix	īnfīdus	indoctus	indomitus
	innocēns	ingrātus	īnfīnītus	īnfirmus
	inquiētus	inhūmānus	iniūstus	īnsānus
	intactus	inūtilis	invalidus	invictus
inter: zwischen	**inter**cēdere	dazwischentreten	**inter**clūdere	abschließen
Bestimme:	intericere	interpōnere	interrumpere	intervenīre

71

Bestimmungs-vorsilben	Beispiele			
ob: gegen, entgegen *Bestimme:*	**ob**esse **ob**icere obsĭdere obsistere	entgegen sein entgegenwerfen obstāre obstruere	**ob**īre **oc**currere obvenīre opprimere	entgegengehen entgegenlaufen offerre oppūgnāre
per: durch, hindurch *Bestimme:* verstärkend: *Bestimme:*	**per**agere **per**ficere perfugere perscrĭbere **per**terrēre **per**angustus perfacilis	durchführen vollenden pergere perspicere heftig erschrecken sehr eng permāgnus	**per**currere **per**fringere permiscēre perstāre **per**turbāre **per**doctus permultī	durcheilen durchbrechen perrumpere pervenīre sehr verwirren sehr geschickt perpaucī
prae: vor, voraus *Bestimme:*	**prae**bēre **prae**ferre praeparāre	darreichen voraustragen praepōnere	**prae**dĭcere **prae**mittere praescrĭbere	voraussagen vorausschicken praestāre
praeter: an ... vorbei,	**praeter**īre	vorbeigehen	**praeter-** mittere	vorbeilassen
prō: vor, für *Bestimme:*	**prō**cēdere **prō**desse prōferre prōpellere prōrumpere	voranschreiten nützen prōfundere prōicere prōtegere	**prō**currere **prō**dūcere prōgredī prōpōnere prōvehere	vorlaufen vorführen prōlābī prōpulsāre prōvolāre
re: zurück, wieder, gegen *Bestimme:*	**re**cēdere **re**creāre redīre reicere repellere repōnere reservāre	zurückweichen wiederherstellen redūcere remanēre repetere repugnāre retinēre	**re**vertī **re**sistere refugere remittere reprimere respicere retrahere	zurückkehren sich widersetzen regredī renuntiāre rescrĭbere restituere revocāre
sē: weg, beiseite	**sē**cēdere	beiseite gehen	**sē**cernere	absondern
sub: unter, von unten her, heimlich *Bestimme:*	**sub**dūcere **sub**scrĭbere subicere	unten heranführen unterschreiben subigere	**sub**īre **sub**sequī succēdere	daruntergehen heimlich folgen surgere
trā(ns): jenseits, über ... hin *Bestimme:*	**trā**dūcere **trāns**cendere trānsfĭgere trānsmigrāre	hinüberführen übersteigen trānsfugere trānsmittere	**trā**icere **trāns**ferre trānsgredī trānsportāre	hinübersetzen übertragen trānsīre trānsvehere

III. Wortbildung und Lautgesetze

Bei der Bildung von Wörtern — vgl. die obigen Beispiele — werden einige Lautgesetze wirksam, von denen die wichtigsten im folgenden zusammengestellt sind:

1. Angleichung (Assimilation)

apparāre	statt	**ad**parāre	**dif**fugere	statt	**dis**fugere
immigrāre	statt	**in**migrāre	**oc**currere	statt	**ob**currere

Bei der Assimilation werden benachbarte Konsonanten einander angeglichen.

2. Zusammenziehung (Kontraktion)

cōgere	statt	**coa**gere	**per**gere	statt	**perre**gere
praebēre	statt	**praehi**bēre	**sur**gere	statt	**subre**gere

Bei der Kontraktion werden benachbarte Vokale oder Silben zusammengezogen.

3. Vokaldehnung

dīducere	statt	**dis**ducere	**dī**lābī	statt	**dis**lābī
dīmittere	statt	**dis**mittere	**dī**ligere	statt	**dis**ligere

Bei der Vokaldehnung wird ein kurzer Vokal durch Ersatzdehnung gelängt.

4. Vokalschwächung

adhibēre	statt	**adha**bēre	**colli**gere	statt	**colle**gere
ēicere	statt	**ēia**cere	**inclū**dere	statt	**inclau**dere

Unter dem Einfluß des altlateinischen Akzentes auf der ersten Silbe werden Vokale in Mittelsilben häufig geschwächt.

Alphabetisches Wörterverzeichnis

Im folgenden sind nur die Wörter aufgeführt, deren Leitwort nicht ohne weiteres erkenntlich ist. An zweiter Stelle steht das Leitwort, unter dem das an erster Stelle stehende Wort zu finden ist.

A

abdere	dare
absens	esse
accendere	candere
accusare	causa
addere	dare
adeo	is
adhuc	hic
adimere	emere
adipisci	aptus
adolescere	alere
adulescens	alere
aestimare	aes
aeternus	aetas
affirmare	firmus
affligere	fligere
alibi	alius
alienus	alius
aliquando	quis
aliquantus	quis
aliquis	quis
aliquot	quis
alter	alius
altus	alere
ambitio	ire
amicus	amare
anceps	caput
antiquus	ante
appellare	pellere
apud	aptus
arguere	argentum
argumentum	argentum
arma	ars
arx	arcere
aspectus	species
atque	ad
auctor	augere
audax	audere
audire	auris
auspicium	avis
autem	aut
auxilium	augere
avarus	audere

B

benignus	bonus
bis	duo

C

caedes	caedere
cantus	canere
carmen	canere
captivus	capere
casus	cadere
castellum	castra
centuria	centum
certare	cernere
certus	cernere
-cidere	cadere
-cidere	caedere
-cipere	capere
clam	celare
clarus	clamare
clemens	cliens
-cludere	claudere
coercere	arcere
cogere	agere
cogitare	agere
cohors	hortus
collega	legere
collocare	locus
colonia	colere
color	celare
comes	ire
comitari	ire
comitia	ire
commercium	merx
commilito	miles
commodus	modus
communis	munus
comparare	par/parere
comperire	peritus
complere	plenus
complures	plenus
conciliare	clamare
concilium	clamare
concordia	cor
condere	dare
condicio	dicere
confirmare	firmus
confligere	-fligere
congregare	grex
congressus	gradi
coniunx	iungere
coniuratio	ius
conscius	scire
consensus	sentire
considerare	sidus
consilium	-sulere
conspectus	species
constans	stare
consuetudo	-suescere
consul	-sulere
consulere	-sulere
contemnere	-temnere
contentus	tenere
continuus	tenere
contio	venire
controversia	vertere
copia	ops
cottidie	dies
creare	crescere
creber	crescere
credere	dare
cruciatus	crux
cultura	colere
cultus	colere

D

damnare	damnum
debere	habere
declarare	clamare
decretum	cernere
decus	decere
dedere	dare
deditio	dare
defendere	-fendere
deinde	is
delectare	lacessere
delictum	-linquere
demere	emere
demum	de
denique	de
dens	edere
desiderare	sidus
detrimentum	terere
difficilis	facere
dignus	decere
diligens	legere
discrimen	cernere
dissensio	sentire
distinguere	stimulus
diu	dies
diversus	vertere
divinus	deus
divus	deus
doctrina	docere
donare	dare
donum	dare
domicilium	domus
dominus	domus
dubitare	duo
dubius	duo
dux	ducere

E

ēdere	dare
educare	ducere
egregius	grex
eminere	minari
enim	nam
eo	is
etiam	iam
etiamsi	si
etsi	si
excellere	collis
excelsus	collis
excitare	citus
excusare	causa
exemplum	emere
exercere	arcere
exercitus	arcere
exiguus	agere
existimare	aes
exitus	exire
expedire	pes
experiri	peritus
exstinguere	stimulus
extemplo	templum
extra	ex
extremus	ex

F

fabula	fateri
facies	facere
facilis	facere
facinus	facere
factio	facere
falsus	fallere
fama	fateri
fas	fateri
felix	fecundus
ferox	ferus
fessus	fatigare
-ficere	facere
fidus	fidere
figura	fingere
filius	femina
finitimus	finis
-fiteri	fateri
flagitium	flagitare
fluctus	fluere
flumen	fluere
foedus	fidere
fore	futurus
fors	ferre
fortasse	ferre
fortuna	ferre
fossa	fodere
fructus	frui
frumentum	frui

frustra	fraus
fugare	fugere
fundamentum	fundus

G

gaudium	gaudere
gens	genus
gignere	genus
gradus	gradi
gratulari	gratus
-gredi	gradi

H

habitare	habere
habitus	habere
-hibere	habere
hodie	dies
hospes	hostis
hospitium	hostis
huc	hic
humanus	homo

I

ibi	is
-icere	iacere
idem	is
-igere	agere
igitur	agere
ignorare	narrare
illustris	lucere
imago	imitari
imminere	minari
impedire	pes
imperare	parere
imperium	parere
impetrare	pater
impetus	petere
imprimis	prior
improbus	pro
incendere	candere
incitare	citus
incola	colere
inde	is
indicare	dicere
industria	struere
infans	fateri
inferi	infra
infimus	infra
ingenium	genus
ingens	genus
inimicus	amare
iniquus	aequus
initium	inire
inopia	ops
insidiae	sedere
insignis	signum
institutum	stare

instrumentum	struere
integere	tangere
inter	in
intimus	in
intra	in
intrare	in
invidia	videre
invisus	videre
invitare	vitare
invitus	velle
ipse	is
iste	is
ita	is
item	is
iter	ire
iterum	is
iucundus	iuvare
iudicare	ius
iugum	iungere
iurare	ius
iustus	ius

L

largiri	largus
legatio	lex
legatus	lex
legio	legere
levare	levis
libido	libet
-ligere	legere
limes	limen
luctus	lugere
lumen	lucere
luna	lucere
lux	lucere

M

magis	magnus
magister	magnus
magistratus	magnus
magnopere	ops
malle	velle
mandare	manus
manifestus	manus
materia	mater
matrimonium	mater
mens	meminisse
mentiri	meminisse
mercator	merx
meridies	dies
minister	minor
minuere	minor
miser	maestus
miserari	maestus
misereri	maestus
misericordia	cor
modestus	modus

molestus	moles	opulentus	ops	praeter	prae
momentum	movere	opus	ops	praetor	praeire
monere	meminisse	ora	os	precari	preces
mons	minari	oraculum	orare	pridie	dies
monstrum	monstrare	origo	oriri	-primere	premere
monumentum	meminisse	ornare	ordo	primus	prior
morbus	mori	ostentare	tendere	princeps	prior
mors	mori			principium	prior
munire	moenia	**P**		probare	pro
murus	moenia	pacare	pax	probus	pro
		parare	parere	procul	pro
N		parentes	parere	prodere	dare
		particeps	pars	profecto	facere
natio	nasci	partiri	pars	proficisci	facere
natura	nasci	parum	parvus	propinquus	prope
nauta	navis	passus	patere	propter	prope
necesse	cedere	patefacere	patere	proximus	prope
nefas	fateri	patronus	pater	prudens	videre
negare	ne	paulatim	pauci	publicus	populus
negotium	otium	paulum	pauci	puella	puer
nemo	homo	pauper	parere	punire	poena
neque	ne	pecunia	pecus	purgare	purus
nequire	ire	pendere	pendēre		
nescius	scire	perdere	dare	**Q**	
neuter	ne	pergere	regere	qualis	quis
neve	ne	pernicies	necare	quamquam	quis
nihil	ne	periculum	peritus	quando	quis
nisi	si	perpetuus	petere	quantopere	ops
nobilis	narrare	placere	placare	quantus	quis
nocere	necare	planities	planus	quasi	si
nolle	velle	plebs	plenus	quia	quis
nondum	dum	plerique	plenus	quidam	quis
nonne	ne	plus	plenus	quin	quis
nonnulli	unus	polliceri	licet	-quirere	quaerere
noscere	narrare	pondus	pendēre	quoad	quis
notus	narrare	pontifex	pons	quod	quis
nullus	unus	populari	populus	quominus	quis
nunc	num	portare	porta	quomodo	modus
nuper	num	portus	porta	quondam	quis
nusquam	usquam	posse	potior	quoniam	quis
		postea	post	quot	quis
O		posterus	post	quotiens	quis
oboedire	auris	postridie	dies	quotannis	annus
obscurus	scutum	postulare	poscere		
obses	sedere	potens	potior	**R**	
occasio	cadere	potestas	potior	ratio	reri
occidens	cadere	praebere	habere	recitare	citus
occulere	celare	praeceps	caput	recuperare	capere
occupare	capere·	praeceptum	capere	recusare	causa
offendere	-fendere	praecipitare	caput	reddere	dare
officium	ops	praecipuus	capere	regina	regere
olim	ille	praeclarus	clamare	regio	regere
omnino	omnis	praedicare	dicere	religio	legere
opera	ops	praefectus	facere	relinquere	-linquere
operire	aperire	praemium	emere	regnum	regere
opportunus	porta	praesens	esse	reperire	parere
optare	opinio	praesertim	serere	repudiare	pudor
optimus	ops	praesidium	sedere		

reus	res	sortiri	sors	totiens	tam
reverti	vertere	spectare	species	tractare	trahere
rex	regere	-spicere	species	tradere	dare
-rigere	regere	spiritus	spirare	tranquillus	quies
-ripere	rapere	statim	stare	tribunus	tribuere
ruina	ruere	statua	stare	tutela	tueri
rursus	vertere	statuere	stare	tutus	tueri
		stipendium	pendere		

S

		-stituere	stare	**U**	
salvus	salus	suadere	suavis		
sancire	sacer	subito	ire	ullus	unus
sanctus	sacer	sublevare	levis	ultimus	ille
-scendere	scandere	subsidium	sedere	ultra	ille
secretus	cernere	sumere	emere	ultro	ille
secundus	sequi	sumptus	emere	universus	unus
securis	secare	superbus	super	utinam	ut
securus	cura	supra	super	utrimque	uter
seditio	ire	summus	super		
semen	serere	supremus	super	**V**	
semper	semel	surgere	regere		
senatus	senex	suspicio	species	valde	valere
sententia	sentire			validus	valere
sermo	serere	**T**		vanus	vacare
sic	si			vectigal	vehere
sicut	ut	talis	tam	vel	velle
-sidere	sedere	tametsi	si	velut	ut
silentium	silere	tamen	tam	vendere	dare
similis	semel	tandem	tam	venenum	venerari
simul	semel	tantopere	ops	venia	venerari
simulacrum	semel	tantus	tam	versari	vertere
simulare	semel	tectum	tegere	vertex	vertere
sin	si	temperare	tempus	vicinus	vicus
singuli	semel	tempestas	tempus	victus	vivere
sistere	stare	tenere	tendere	villa	vicus
situs	sinere	ter	tres	vinculum	vincire
sive	si	-tingere	tangere	vita	vivere
socius	sequi	toga	tegere	vituperare	vitium
sollicitare	citus	-tinere	tenere	vocabulum	vox
somnium	somnus	tolerare	tollere	voluntas	velle
		tot	tam	voluptas	velle